会社のためではなく、自分のために働く、ということ

チェ・イナ 최인아　中川里沙 訳

日経BP

プロローグ

仕事を一生懸命がんばりたいけれど、まわりの雰囲気がそうではないので戸惑い、不安を感じている人。そんな人を思い浮かべながらこの本を書いた。あなたの考えは間違っていない、何かに熱心に取り組むのは無駄ではなく、幸せなことだと伝えたかったからだ。

もちろん、「がんばりすぎず、力を抜こう」というメッセージが支持される昨今、一生懸命やろうという言葉がどれほどうっとうしく聞こえるかは、私もよくわかっている。でも、ここまで生きてきて、時間こそが人生で最も希少で貴重な資源であり、結局のところ時間に対する正しい姿勢は「ひたむき」なのだと、私は考えるようになった。

本書のタイトル（原題）は、『私が手にしているものを世界に欲しがらせなさい（내가 가진 것을 세상이 원하게 하라）』。もう少し長めのタイトルにしてもかまわないなら、「無条件に世界に合わせることなく」と付け加えたい。私はこの本を通じて、「無条件に世界に合わせることなく、あなたが手にしているものを世界に欲しがらせなさい」と、みなさんに伝えたいのだ。私たちはそれぞ

れ、顔も、性格も、好きなものも、得意なものも異なる、唯一無二の存在なのだから。

最近は、みんなが口をそろえて「自分らしく生きよう」と言う。好きな仕事を好きなようにするのは、自分らしく生きるのと変わりはない。この本には、道を切り拓くための考え方と姿勢が書かれている。私もまた、それを頼りにここまで生きてきた。

進むべき道を探しあぐねている人に、本書が少しでも役に立つなら、著者としてそれ以上に嬉しいことはない。

30年以上にわたって働きながら積み重ねてきた考え方のほかにも、いくつかの日刊紙に寄稿したコラムに手を入れたものを本書に収めている。もしかしたら、そうしたコラムをすでに読んでくれた人もいるかもしれない。その点については、あらかじめご了承いただきたい。また本書で、これまで仕事をするなかで得られたさまざまな出会いについても触れている。そうした人たちが分け与えてくれた知恵に感謝したい。

1992年に『プロの男女は差別されない（프로의 남녀는 차별되지 않는다）』という本を世に送り出してから31年ぶりに新刊を出すことになった。

人生で仕事を大切にする人たちにこの本が届くことを願っている。

2023年4月　チェ・イナ

第2章
仕事は成長のチャンスだ

第3章
私の名前3文字がブランド

第4章 姿勢が競争力だ

第2部 人生と時間

苦労して努力した時間は、自分のなかに残る

第5章 自分に問いかける時間

第1部

仕事

自分のために働き、
結果を出すことで
貢献しよう

大切なのは、
仕事で感じる喜びや楽しさが
あなたにとってなんなのかを
意識すること。
それがわかれば、
たとえば退職や転職について
考えるときの
重要な判断基準になる。

第1章

なぜ働くのか

VIEWPOINT

考え方《ビューポイント》

数十億ウォン（数億円）を稼げば働かなくてもいいのか

近年、「FIRE族《ファイアー》」が注目を集めている。知ってのとおり、「FIRE」とは「Financial Independence, Retire Early」、すなわち「経済的に自立し、アーリーリタイア（早期退職）する」の頭文字をとった言葉だ。『エコノミック・レビュー』によると、Z世代やミレニアル世代のもつリタイアや資産管理に対する価値観は、親世代とは異なるそうだ。資産管理に対する認識が希薄だった親世代は、できるだけリタイア時期を遅らせ、貯蓄で老後に備えようとした。一方、20～30代の人たちは、投資で築いた資産をもとにアーリーリタイアし、悠々自適な人生を送ろうとしている。金融業界ではこうした資産管理の認識の変化を歓迎しているという。

生活のために昼夜を問わず働かなければならなかった親世代のことを思うと、20～30代の人たちのこうした考えは賢明といえるだろう。仕事に明け暮れるだけが人生ではないからだ。一方で疑問も生まれる。『エコノミック・レビュー』の記事では、たくさん稼いでアーリーリタイアすることは、資産管理に対する認識のポジティブな変化だと説明されているが、私には仕事への考え方と心構えの変化とも読みとれる。さっさと稼いでリタイアし、残りの人生を楽しみもうとする人たちにとって、仕事とはなんなのだろうか？

私はときどき企業で講演をする。テーマはさまざまだが、とくに多いのは「仕事の意味」や「自己成長」だ。講演で私は次のような問いを投げかける。

「ある日、宝くじで数十億ウォン［数億円］当たったとします。もうこれ以上、日々の生活や老後の心配をしなくてもいいとしたら、みなさんは仕事を続けますか、それとも辞めますか？」

どんな仕事をしていて、どんな会社に通い、どんな状況に置かれているかによって、答えは変わるかもしれない。ただし、この質問の要点は「生涯、生活や老後の心配をしなくてもいいほどの大金を手にしたら、仕事を辞めるか」ということにある。あなたはどうだろう？「もちろん辞めます！」と答えるだろうか。

ここで、アメリカの心理学者アブラハム・マズローの「欲求5段階説」を見てみよう。これは、人間の欲求は重要度に応じて階層をなすとする、モチベーション理論の一つだ。人間には生理的欲求、安全欲求、社会的欲求、尊厳欲求、自己実現欲求があり、低次の欲求がある程度満たされると、高次の欲求を満たそうとするのだという。

ピラミッド形式の図で紹介されることの多いこの理論によると、最も高次の欲求は自己実現欲求。それは人間とほかの動物を区別する、つまり人間を人間たらしめる欲求だ。では、私たちは

マズローの欲求5段階説

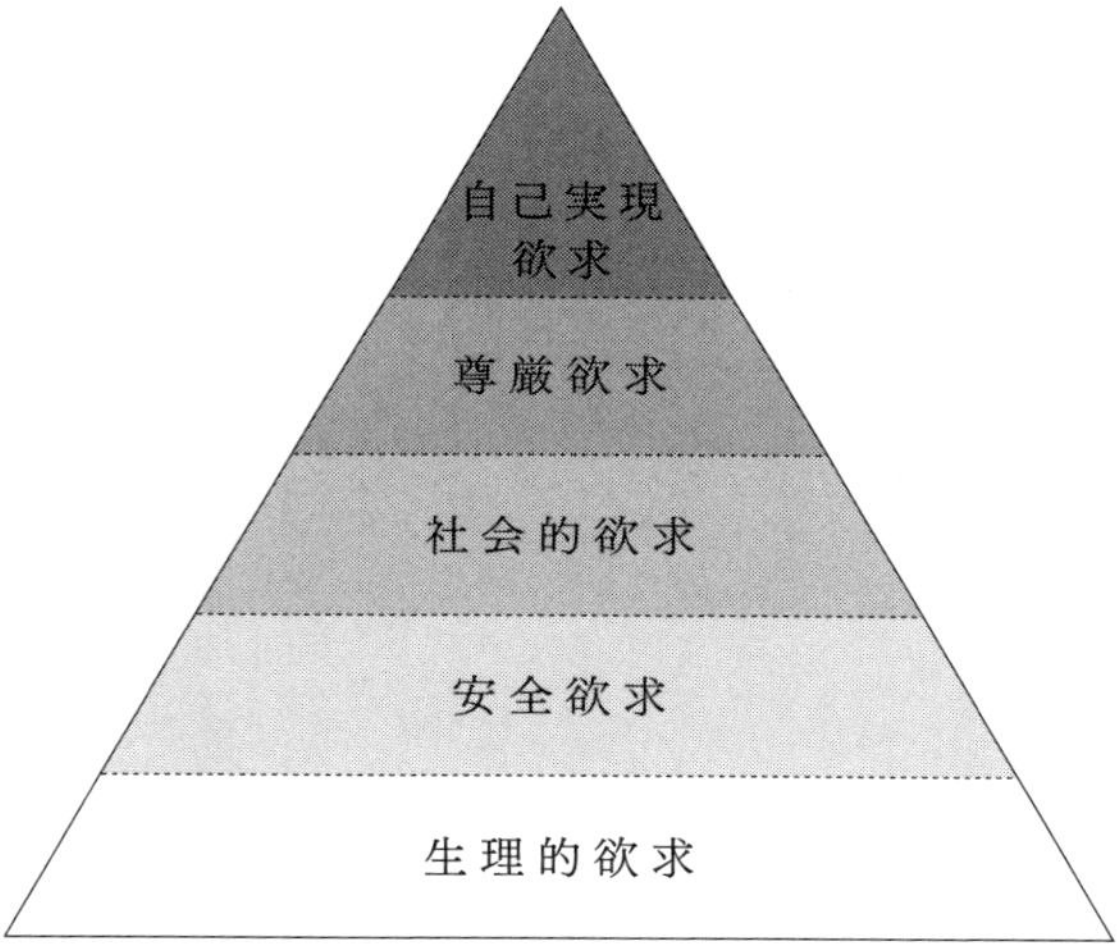

何によって自己実現するのだろうか。趣味を楽しんだり、人助けをしたりして達成することもあるかもしれない。でも私は、「仕事」を抜きにして自己実現を語ることはできないと考えている。

仕事とはいったいなんなのか。私たちはなぜ働くのか。もちろん、生きていくためだ。生計を立てるには働いてお金を稼ぐ必要がある。ただし、経済的な余裕があって何不自由なく暮らしていてもなお、仕事に情熱を燃やす人がいる。あるいは、余裕のない状況でもお金以外の目的のために働く人もたくさんいる。私にはその気持ちがよくわかる。

自主退職を経て学生に

かつて私は、〈第一企画《チェイル》〉という広告代理店に勤めていた。ところが40歳を越えてから、「いつまでこの仕事を続けるのかな？　仕事を辞めたらどう過ごせばいいんだろう？」という不安に襲われるようになった。そんな不安を抱え、心変わりを繰り返しながら10年近く過ごしたすえに、とうとう退職を決意した。

じつのところ、会社を辞めるときには、「私の人生にもう仕事はない。これからは働かないぞ」と固く誓っていた。収入がなくても、節約すればそれまでの貯金でなんとか暮らしていけるように思えたのだ。幸いにも私は、ここに住みたい、この車に乗りたい、このバッグが欲しいなどと贅沢を望むタイプではないので、つつましく暮らせればそれでよかった。

ところが、退職して2年ほどたつと考えが変わった。働かなければという強い思いが湧き上がってきたのだ。そして私は、自分の計画にはなかった書店を開き、今日まで8年間、営業を続けている。自分で書店を始めたのは、お金を稼ぐことが目的ではなかった。

広告業界では、週末に働くこともめずらしくなかった。そんななか、たまの休みの日に読書をしていると、私はとても満ち足りた気持ちになった。そして気づいたのだ。自分は本をたくさん読むほうではないけれど、活字と過ごす時間が好きだ。新しく何かを知ったり、なんとなく知っていたことと本のなかの一節が頭のなかで出合い、ひらめきがもたらされたりする瞬間を楽しんでいるのだ。まだ知的好奇心が残っているのだ、と。そんなわけで私は、第一企画という会社を「卒業」したら学生として勉学に励み、学びながら生きていこうと決心した。

私はすぐさま行動に出た。仕事を辞めて自由な時間を楽しんだあと、大学院に入学した。広告業界で働いていた人たちの多くは、大学院に進学するとマーケティングやブランディング、コミュニケーションなど、かつての業務に関連する分野を専攻するが、私は西洋史を専攻することにした。仕事に役立てるために勉強するわけではなかったので、純粋に関心のある分野を選んだ。

そうして勉強していたある日、テレビでドラマ『ミセン－未生－』を見ていたときのこと。主人公のチャン・グレが所属する営業3課が、中断していたヨルダン事業の再開に向けて、社長や役員を説得するためにプレゼンテーションの準備をするという内容だった。プレゼンの構成を何度も変え、コンセプトを修正し、時間に追われながら準備する彼らを見ていると、私自身がプレゼンするわけでもないのに、胸がドキドキした。同時に、心のなかからこんな声が聞こえてくるようだった。「あれ？　私だってプレゼンしなきゃいけないのに、ここで何をしてるんだろう？」

広告代理店に勤めていたとき、私はよくプレゼンター役を買って出ていた。会社を代表するプレゼンターだったのだ。だからなのか、テレビドラマのなかで誰かがプレゼンを準備し、自分のアイデアを発表するのを見た瞬間、私のなかの何かが刺激されるような感覚を覚えた。そうなったらもう、どうしようもない。「働かない」という私の固い決意はあっけなく崩れた。

大企業の役員だった私が自主退職を決心するまでの道のりは、平坦ではなかった。長いあいだ自問自答と模索を繰り返したすえ、学生として学びながら生きるという結論に至ったのに、それが『ミセン－未生－』によって翻《ひるがえ》されたのである。もっとも、前兆はあった。このドラマはただのきっかけにすぎず、本当はもっと前から別の理由が近づいてきていた。

みんなと一緒にやりたい！

ここ最近、ＭＢＴＩ診断［認知パターンを知るための性格検査で、計16種類に分類される］が流行している。あなたはどのタイプだろうか？私も会社員時代にテストを受けた気がするけれど、診断結果がどのタイプだったのかはよく思い出せない。でも、私が〝Ｉ型〟、つまり内向型なのは確かだ。なぜかというと、30年以上も社会人生活を送ってきたのに、私には定期的に集まるグループが一つもないからだ。

私は大勢で集まることに無関心で、そういう場が苦手だった。人数が三～四人を超えると形式的な話ばかり飛び交うので、時間がもったいないと考えていた。さらには、人脈づくりのための集まりに行くと、借りてきた猫のように体が固まってしまう。気が重いので、おのずとそういう場に足を運ばなくなり、何かと理由をつけて避けていた。一人でいるのが気楽だったので、できるだけそうするようにしていた。典型的なI型だ。だから私は、決まって「秘密組織」方式、つまり一対一や、ごく少数の人と親交を深めるようにしている。

会社員のころは、起きている時間のほとんどを会社で過ごした。当時の私にとって、公私の「公」といえば会社に関することだったので、常に会社を優先させた。そうするように誰かから言われたわけではなく、仕事をしていたら自然とそうなっていた。責任をもって自分の仕事をやり遂げたかった。一人でいられる時間は必然的に少なくなっていった。そのため暇さえあれば「一人」を求め、「一人の時間」をつくった。

退職すると、朝起きてから夜寝るまでの時間がまるまる自分のものになった。一人の時間が山ほどあって幸せだったものの、それも結局はバランスの問題だ。たっぷり時間ができて初めて別のものが見えてきた。私もまた「社会的存在」であることに気づいたのだ！

人間が社会的存在であることは当然のことで、しかもアリストテレスは2000年も前にその事実を見抜いていたのに、私は50代で会社を辞めてようやくそのことに気づくなんて。もちろんそれは、知識と呼ぶのもおこがましい、たんなる「気づき」だった。

常に一人でいることを求めていた私は、そのおかげで自分のなかの本当の欲望に気づいた。それは、一緒に遊ぶ仲間がほしいという欲望であり、私にはまだできることがあるので、お金や名誉はいらないからどこかで役に立ちたいという欲望だ！

誰かに迷惑をかけたり、世間を騒がせたりしないかぎり、私はいつも自分の欲望に従ってきた。私を動かし、奮い立たせる原動力は欲望だった。だから、またみんなと一緒に何かをやりたい、誰かの役に立ちたいと思うようになると、その気持ちに従うしかなかった。

こうして私は、リタイア計画を変更することになった。短い大学院生活を終え、また働くことにしたのだ。あのときの私にとって、仕事とは世界のどこかで役に立つことだった。

人生の時間に向き合う方法

もちろん、私の場合は最初のキャリアに終止符を打って次のステップに進んだので、若い人たちとは事情が違うかもしれない。けれども、私も20代のころには就職のために何十通もの履歴書を書き、気を揉みながら結果を待った。本心では留学して勉強を続けたかったけれどそうはいかず、お金を稼ぐために就職するしかなかった。だからといって、働くことがすなわち稼ぐことだと思っていたわけではない。

働いてお金を稼がなければならないことと、仕事とお金を同一視することは別の話だ。働くこと稼ぐことがイコールではなく、そのうえ生計を立てることが仕事のすべてではないなら、仕事とはいったいなんなのだろうか。私たちはなぜ働くのだろうか。この章の問いである、「生活の心配をしなくてもいいほどの大金があったら、働くかどうか」について、みなさんも考えてみてほしい。どんな答えが返ってくるだろうか？

もちろん、仕事にたいした意味を見いだせず、生活のために仕方なく働いているとしたら、大金が手に入った途端に会社を辞めて別の仕事を探すかもしれない。でも私が問いかけたいのは、「お金があったら働かないのか？」ということだ。

先日、『人生の虚しさをどうするか（인생의 허무를 어떻게 할 것인가）』の著者であるソウル大学のキム・ヨンミン教授を書店に招いて、トークイベントを開催した。気温がマイナス10度を下回る寒い日だったにもかかわらず、会場には彼の文章や考え方を愛するたくさんの読者が詰めかけた。司会を務めた私はキム教授に次のように尋ねた。

「先生は本のなかで、『つらい労働と人生から逃れるにはどうすればよいのだろうか。仕事を減らしてそのぶん余暇の時間をもつべきだろうか』という質問を投げかけています。しかし最近は、多くの若者がＦＩＲＥ族に憧れているそうです。先生はそれについてどうお考えですか？」

すると、キム教授から予想外の答えが返ってきた。「働かない時間、その長い余暇の退屈さと気だるさには耐えられないでしょう。いまは働くことに疲れて休みを渇望していますが、それが現実になったとしても一筋縄ではいかないはずです」

その答えを聞いた瞬間、私は人生の後半をどう生きていくべきか悩んでいたころを思い出した。私が学生として学びながら生きていこうと決めたのは、時間について悩んでいたからだ。リタイアを見据える人の多くが「お金」の心配をする一方で、私には違うものが、つまり「時間」が見えていた。増えた時間をどう過ごすか、計画を立てようと思ったのもそのためだ。

つまり、働くことはたんに生計を立てる手段ではなく、自分の人生を豊かに過ごす手段でもある。キム教授も「働かない時間は退屈でたまらないので、手に余るだろう」と言っていたではないか。はたして、若い読者のみなさんにどれほど共感してもらえるだろう？

ただし、これだけは覚えておいてほしい。時間は、減ることはあっても増えることはなく、いくらボトックス注射を打ってシワをとっても時間は戻ってこない。

お金以外にも仕事が与えてくれるもの

恋愛にはもめごとがつきものだ。相手の態度が素っ気なく感じられたり、以前と比べて愛情が冷めたと感じたりすると、次のような疑問が生じる。

「あなたにとって私って何？　どういう存在？　どういう意味があるの？」

実際、相手の行動が気に入らないからといって、誰にでもこんなことを訊いたりはしない。少なくとも、相手にとっても自分が大切な人だと思えるものの、少し自信がないときにする質問だ。

私は、仕事についても同じ質問をするよう、読者のみなさんに伝えたい。大切な人間関係で一度は確かめることなのだから、人生において仕事が重要だと考える人はこの点をはっきりさせるといい。「私にとって仕事とはなんだろう？」

この質問に答えるのは簡単ではない。ふだんはあまり考えないことだし、そもそも意味を問う質問には答えにくい。私たちは本質を問うこと自体あまりしないし、その答えも難解になる。

もし、「私にとって仕事とはなんだろう？」と自問しても一向に答えが出ないなら、質問を少し変えてみよう。「私は仕事から何を得ているのか？」「労働の対価として何を手にするのか？」「仕事は私に何を与えてくれて、私は何に心が躍るのか？」と。

私たちは労働の対価として賃金を得る。しかし、受け取るものがお金だけだとしたら、あなたは損をしている。これはいったいどういう意味だろう？

大人になってからどうやって成長するのか

少し話題を変えてみよう。最近、あちこちから「老害」という言葉が聞こえてくる。20代や30代の人も、自分が老害になっていないかと心配するそうだ。人はなぜ老害になるのだろうか。人は誰でも年を取ると老害になるのだろうか。その可能性もあるが、すてきな年の取り方をする人もいるのだから、全員が老害になるわけではないはずだ。

人が老害状態になるのは、成長していないことや、停滞していることが原因ではないだろうか。ずっと前に見聞きした知識だけを正しいと思い込み、それに固執するせいで自分が間違っている可能性を認められず、自分のやり方が正しいと確信してそれを相手に強要するせいで老害になる。一言でいえば、アップグレードを怠っているのだ。いまこの文章を書いている私も耳が痛い。

小学生が中学生、高校生、大学生になるにつれて、体が大きくなり、知識が増えて能力が上がり、成長する。体格がしっかりとし、学ぶ知識も深まり、人それぞれ多様な成長過程を歩む。でも学校を卒業して社会人になったあとは、何によって、どうやって成長するのだろうか。

私は、仕事を通して成長すると考えている。新入社員として会社に入ると、まずは先輩たちのサポートや雑用をする。最も頭がさえて、意欲に燃える時期にそれでいいのかと思うかもしれないが、とにかく最初はサポート業務ばかりだ。そうやって一日じゅう手伝いを終えて家に帰ると、どうも気分が晴れない。とはいえ、初めから職場の主軸になるのも難しい。

ある後輩の話を紹介しよう。彼は新入社員で、私は入社4年目だった。ある日、彼がこう漏らした。「会社に来てコピーばかりしていたので、最初のうち、アイデアを考える会社で自分は何をしてるんだろうって腹が立ちました。でも、考え直したんです。新入社員として今年1年、会社で誰よりも速く、きれいにコピーをしようって決めました。だから、会社のコピー機をすべて調べて、どの階のどのコピー機がいちばんきれいにコピーできるかを把握しました」

この話を聞いて、私は思わず彼を見なおした。ところで、彼は1年間、コピーしかしていなかったのだろうか？　答えは「ノー」だ。先輩たちもすぐに、彼がただ者でないことに気づき、彼はたちまち有能な広告マンに成長した。

最近は、マーケティングをはじめとするさまざまなビジネス分野で経験が重視されている。「顧客にどんな経験を提供するのか」がポイントだ。そんな重要な経験を、あなたは仕事を通して十分にしているだろうか？

チーム一丸となって手にする成果の喜び

たとえ規模が小さくても、チームを率いるリーダーになると仕事の次元が変わる。自分の仕事をうまくこなしながら、メンバーもきちんと仕事をするよう管理しなくてはならない。私も経験したからわかるが、他人を動かして一緒によい成果を出すのは簡単ではない。

しかし、実際にやり遂げてみると、それまでとは比べものにならないほどの喜びを味わえる。必ずしもリーダーである必要はない。ほかの誰かと一緒に働くことは葛藤やストレスも伴うが、それらを乗り越えて成果を出したとき、そこには一人では味わえない喜びが待っている。

私は運動音痴なうえに体を動かすことが嫌いだが、スポーツ中継はよく見るほうだ。とくに勝利のシーンを注意深く観察すると、野球やサッカーなどの団体競技と、ゴルフやテニスなどの個人競技ではそのようすがずいぶん違う。

団体競技では、勝利が決まった瞬間、ベンチにいる控えの選手たちまでもがグラウンドに飛び出してきて、一緒に抱き合う。もしかしたら選手間には摩擦や対立があるかもしれないが、勝利の瞬間だけは一つになる。その瞬間のために競技をしているのではないかと思わせるほどに。

2022年のFIFAワールドカップ（カタール大会）でも、そういう場面を何度も目撃した。韓国代表チームがポルトガルを破ってベスト16に進出したときも、アルゼンチンがフランスを破って優勝したときも、選手たちは一つになっていた。一方、テニスの場合、優勝が決まると選手がコート上で大の字になって喜びを表す。もちろん監督やコーチと抱き合うこともあるが、サッカーや野球とは異なる姿だ。

会社や組織でチームを組んで働くのは、団体競技を行うのと似ている。自分とは意思やスタイル、好み、年齢、性別、出身、能力、ありとあらゆるものが違う人たちとぶつかりながら、同じ目標に向かって最善を尽くす必要がある。

ときに成功し、ときに失敗する過程での経験と学びはお金には換えられない。私たちはたくさんの人とぶつかったり、抱き合ったりしながら進むなかで大きく成長する。それは一人では得られない学びと喜びだ。

私が会社の役員になったのは、2000年1月のことだった。当時は、役員になると実務から手を引き、組織管理に集中するのが当然とされていた。ところが私は、そのあと7年間、それまでと同じようにアイデアを出し、コピーを書き、キャンペーンを企画するクリエイティブディレクターとして仕事をした。自分のためだけではなく、そのほうが会社の役に立てると考えたのだ。幸いなことに会社も私の意思を尊重してくれた。

しかし、結局は組織管理をすべきときがきた。クリエイティブセクションで最年長者になったのだ。会社から与えられたミッションを受け入れ、200人あまりの部下を率いる制作本部長になった。そこから副社長になり、国内部門を率いて退職するまでの6年間、クリエイティブの一線から退き、後輩のサポートや組織の統率に集中した。

個性豊かでクリエイティブな彼らを管理するのは、思ったより骨の折れる仕事だった。私たちの仕事は正解を出すのではなく、常に新しいもの、ほかとは違うものを生み出すことなので、各々の意見やアイデアを推奨しなければならなかった。組織を管理するリーダーにとって、これほど難易度の高い仕事はない。本部長の言葉に素直に「はい！」と返事する人が数えるほどしかいない組織を想像してみてほしい。

すっかりへそを曲げた私は、こんなことを考えていた。自分の子どもではなく後輩なのに、なんでこんなにストレスを受けなきゃならないんだろう……。身勝手な後輩たちを見ていたら、ふと、昔の自分はどうだったのかが気になった。そして「私も先輩たちをかなり困らせていたんだ。生意気な後輩だっただろうな」と我に返った。

すると、少しずつ後輩たちを理解できるようになった。組織管理がきっかけとなって、私は少しマシな人間になれたのだ。

じつのところ、新しいものをつくりつづけてきた私にとって、組織管理は楽しいものではなかった。心を動かされるのはいつも、何かをつくるクリエイティブな仕事。そのため、腕がなまらないよう、最低でも1カ月に一つはプロジェクトに参加し、後輩たちと一緒にアイデア会議を開き、コピーを書き、プレゼンをした。

時間がたつにつれて新たな発見もあった。「作り手」として新しいコンテンツをつくりつづけ、現場でキャリアを終わらせることだけに意味があるわけではないと気づいたのだ。私は、自分だけの成功にとどまらずほかのメンバーを成功させること、彼らと一緒に成果を出すことの喜びに目覚め、意味のある働きができた。それこそが仕事人として味わった喜びであり、努力が実を結んだ結果だった。

仕事がくれる贈り物をしっかり受け取っているか

何かで読んだのだが、人が死ぬまでに最も多くの時間を費やすのは仕事だそうだ。人は毎日8時間食事をすることも、8時間お酒を飲むこともできない。ずっと変わらず愛を分かち合うのも難しい。ほぼ毎日、ルーティーン化して続けられるのが仕事だというのだ。それだけ重要なのだろう。

先ほど、「労働の対価として何を手にするのか?」と自問するよう勧めたが、私はお金以外にも得るべきものがあると考えている。楽しさ、意味、挑戦、達成感、自信、葛藤、ストレス、喜び、評価、仲間意識、チームワーク、克服、成功……など、私たちが仕事から享受し、手に入れるべきものはたくさんある。

書店で知り合った人がこんな話をしてくれた。その人はいまの仕事を14年間も続けてきたが、自分には向いてないと思い、転職を考えた時期もあったという。しかし、14年たってようやく、自分が仕事を楽しんでいることに気づいた。いまではもっとうまくやりたいと思うようになり、幸せを感じているという。こうした幸せは、エンタメ作品を見て得られる充実感とは比べものにならないほど大きくて本質的なものだ。

このように、仕事には私たちのための贈り物が詰まっている。でも、どれだけ多くの贈り物を手にできるかは人によって異なる。あなたは仕事をしてお金を得るだけで満足しているだろうか？　あるいは、成長、意味、おもしろさ、やりがい、達成感を得たいだろうか？　仕事にはさまざまな贈り物がこんなにも詰まっているのに、お金だけを受け取って終わってしまうのはあまりにもったいない。

働く人の幸せ

言葉にかかわる仕事をしてきたからだろうか。私は言葉を通じて世の中の変化を実感する。その代表例が「クリエイター」という言葉だ。私がバリバリ働いていたころは、広告代理店や制作部門で働く人を「クリエイター」と呼んでいた。ところが最近、これはユーチューバーを表す言葉になっている。その間にメディアがどれほど変化したのかがよくわかる。

しかし私は、クリエイターとして働くあいだ、ほとんどその言葉を口にしたことがない。業界の同僚や先輩、後輩との会話のなかで「クリエイターとして……」という話が出ることはあっても、自分をそう呼ぶことはなかった。柄にもないことだと思っていたし、クリエイターというのは優れた創造力や発想力をもつ人だから、私にはふさわしくないと思っていたのだ。自分で企画したキャンペーンが成功して多くの人に届いても、それは適正なやり方で問題を解決して目標を達成しただけであり、すばらしいものを「クリエイト」したとは思わなかった。それは、私とはあまりにかけ離れた世界のように感じられた。

「幸せ」というのも、私にとってはくすぐったくて居心地の悪い言葉だった。「私は幸せか?」の代わりに「私は嬉しいか?」という表現を使った。ほかのみなが幸せだと口にするような状況でも、「嬉しい」あるいは「楽しい」と言っていた。

延世《ヨンセ》大学のソ・ウングク教授の『幸せの起源(행복의 기원)』によると、人間は生存に有利な行動をとったときに幸せを感じるという。人間にはトラやライオンのように鋭い牙もなければ、速く走ることもできない。一人では猛獣の攻撃に立ち向かうことは不可能だ。だから人間は、大昔から集団を形成し、猛獣から自らの命を守ってきた。また、おなかを満たすために、狩猟、採集、農業など、さまざまな方法で食糧を確保した。そのため私たちは、幸せを写真1枚で表現してくれと言われたら、大切な人とテーブルを囲んで食事をする姿を連想する。そうすると私たちの脳は幸せを感じるのだそうだ。ダーウィンの進化論的観点から見る幸福論である。

同書を読んで深く共感したが、私にとっての幸せはいまだに観念的なものなので、「幸せ」の代わりに「楽しさ」や「喜び」という表現を使う。「クリエイター」に代わって「広告マン」と呼んでいたように。でも、仕事の幸せ、いや楽しさや喜びとはなんなのだろう? そんなものが本当にあるのだろうか?

「働かない」楽しさの賞味期限

仕事をしていて楽しさや喜びを感じるのは、どんなときだろうか。働く人の楽しみや喜び、幸せとはなんだろう？　私の場合、「ちゃんと役に立ってる」「私のやり方が通用した」「思ったとおりにやったらうまくいった」ことを確認する瞬間に喜びを感じる。「リタイアのような退職」をし、学生として生きていく決意を翻してふたたび働くことにしたのも、「誰かに、あるいはどこかで使われたい、役に立ちたい」と思ったからだった。

私は旅行が好きだ。新型コロナウイルス感染症によるさまざまな規制からようやく自由になったので、行ってみたいところがたくさんある。でも、よくよく考えてみると、旅行の本質はあちこち飛び回ることではなく「ここから旅立つこと」にある。日常から離れてみると、そこにいたときには見えなかったものが現れる。「ここ」からいなくなってみて初めて、「ここ」に存在するものを認識できるのだ。あるものの本当の意味は、不在あるいは欠乏を通して知ることができるのではないだろうか。

会社を辞めてからの2年あまりは、私にとって、それまでの生き方から旅立つことと同じだった。朝早くから夜遅く、あるいは深夜まで、ずっとストレスを感じながら仕事を優先してきた時間から距離を置いたのである。

私は低血圧なので早起きが苦手だ。日が昇ってから時間がたってようやく、頭も体も働きはじめる。そんな調子なのに、退職前の最後の1年、役員の出社時間が朝6時30分に前倒しされた。「リスクに備えるべき」というのがその理由だ。おかげで毎朝5時に起きなければならなかったので、苦労したのは言うまでもない。

そんなわけで、退職してからは毎日、幸せだった。朝はゆっくり起きて、昼間は百貨店でショッピングとランチ。まさに会社員にとってのロマンだ。会社では2日連続で同じ服を着ることはできなかったけれど、会社を辞めてからは服装について気にする必要もなくなった。毎日違う人と顔を合わせるので、同じ服を1週間続けて着ていたこともあった。体も心も穏やかだった。

旅行もたくさんした。とくに、念願だったスウェーデン、ノルウェー、デンマークを1カ月間も旅できたのは嬉しかった。じつは、会社員時代に航空券とホテルの予約までして、急なプレゼンのために泣く泣くキャンセルしたことが二度もあった。

時間に余裕ができたので、旅行の時期も自由に選べた。イタリアのトスカーナは希望していた晩秋に、聖フランチェスコの出身地であるアッシジも秋を待ってから足を運んだ。一度は行ってみたかった万里の長城も、暑くない時期にゆったりと歩くことができた。

ところが、そんな生活も時間がたつにつれて楽しくなくなっていった。心のなかから少しずつ別の感情が湧き上がっていた。「私は楽しくない。満足じゃない……」。私にとっては意外だった。初めはうつ病を疑った。会社から退職を勧告されたわけでもないし、計画どおりに自ら会社を辞め、望んでいた人生を歩みはじめたのに憂うつだなんて。退職して1年がたったころだった。自らの意思で、仕事に追われる人生から働かない人生に乗り換えたのに、私はなぜか幸せではなかった。もう楽しくも嬉しくもなかった。

能動的作り手としての人生

もちろん、働く人生は嬉しいことばかりではなかった。エベレスト登山隊は登頂に成功しても、実際に山の頂上に滞在するのは10分だけで、すぐに下山するという。プロ野球選手は、1年間の努力が実って優勝するとその瞬間に喜びを爆発させるが、数日たてばすぐ練習に戻る。働きながら味わう幸せも似たようなものではないだろうか。刹那の喜びのようなものだ。

意見の衝突や仕事への取り組み方が原因で摩擦が生じるのは日常茶飯事で、1カ月以上前から準備したプレゼンで競合他社に負けて落胆することも少なくない。問題だらけの報告のせいで無駄な仕事が増えることもあったし、組織管理を担ってからは後輩たちとのすれ違いにやきもきすることもあった。

それでも私は、働いているあいだ、自分が正しい方向に向かっていると感じたり、エネルギーを思いきり注ぎ込んで役立っていると感じたりすることができた。その感覚が心地よかった。もちろん、達成感のようなものも一役買った。

私が主任だったときのことだから、ずいぶん前の話になる。その日は久しぶりに早く退勤し、夕食を食べてから部屋で音楽を聴いていた。秋の日の夜、音楽の調べに酔った。たしかシューベルトの曲だったと思う。

そうするうちに、ふとこんな考えが浮かんできた。「私はクラシック音楽が好きだ。でも、私が音楽を聴いて楽しむには、音楽を創作する誰かがいなきゃならない。それに、音楽を聴くと心が満たされるけれど、私自身が何かをやり遂げることはない。ただ聴いているだけなんだから。これではあまりに受動的すぎるんじゃないか？」

ふつう、音楽を聴いてこんなふうに考える人はいないだろう。そんなことを考える必要もない。でも、私はそのときに悟った。「私は自分で何かをやり遂げたり、アイデアとエネルギーを注ぎ込んで何かをつくったりしないと気がすまない。そうして初めて満足する人なのだ」と。私が音楽を聴きながら能動的に何かをしていたら、音楽を創作する側になっていたかもしれない。

その日の日記に、私はこれからもずっと「作り手」として生きていくべきだと書いた。自分の運命を予感した、あるいは自分がどんな人間であるかに気づいた重要な瞬間だ。

〈チェ・イナ本屋〉は、ときどき企業や自治体とコラボする。2021年と2022年には、政府の雇用労働部［日本でいう厚生労働省］とともに働く人のためのプログラムを開催した。その際、人気のフードデリバリー・サービス〈配達の民族（배달의민족）〉を運営するウーワ・ブラザーズ（Woowa Brothers）の最高顧客責任者（CCO）、ハン・ミョンス氏を招いたのだが、彼は講演で次のような話を聞かせてくれた。

「仕事とは何かを定義するのは、簡単ではありません。そんなときは、対義語を考えてみてください。そうすれば意味が明確になります。仕事の対義語はなんでしょうか？　多くの人は余暇や遊びだと答えるでしょう。つまり、自発的に好きだからするのではなく、誰かに言われてするのが仕事だと考えているんです。こんなふうに考えたら、仕事は我慢して堪えなければならない対象になってしまいます。そこに自分の意思はありません。だからおのずと週末だけを待つようになります。仕事はつまらないものであり、楽しいのは余暇や遊びだけなのですから。一方、自らの意思で働いている人にとって、仕事の対義語は余暇でも遊びでもなく〝怠惰〟です」

講演前、ユーモラスな彼を見て、私とはまったく違うタイプの人かと思っていたのに、話を聞いてみたら意外と似ている部分が多かった。概念をはっきりさせる方法として対義語を考えるアイデアがまさにそうだ。私も新しい広告のコンセプトを決めるときに、よく同じ方法を使っていた。

それに、仕事の捉え方もそっくりだった。ハン・ミョンス氏の講演を聞きながら、「どの分野で働こうと、ひたむきに悩めば同じものが見えてくる。そうやって核心に近づいていくんだ」と実感した。

「作り手」という言葉に言及こそしなかったものの、彼の講演内容は作り手として生き、働こうとする私の考えと一致していた。私には、すでに誰かが生み出したものを享受しながら楽しむことでは満たされない何かがある。それは自分のアイデアとエネルギーを投じて新しいものをつくり出すときに満たされ、ようやく心から喜びを感じられる。

大事なのは能動的に動きながら生み出すことであり、それが作り手として生きていくことなのだ。私の場合、努力の結果はおもにコンテンツというかたちで現れた。けれども、必ずしもコンテンツである必要はない。それは製品や営業、技術開発かもしれないし、顧客対応や家事の場合もあるかもしれない。それがなんであろうと、言われるままに動くのではなく、自発的に何かをして生み出すのが作り手だ。

このような考えを原動力にして30年間生きてきたのに、私の退職後の人生は、理想の作り手の人生とは大きくかけ離れていた。念のため言っておくが、このような考えが正しいとか、考え方を変えてみようと言いたいわけではない。私がそういう人間であるというだけだ。

引退してから、作り手として生きるという強い決心を忘れてしまっていた。もし大学院生活を続けて、論文を書き、研究に没頭していたら、考え方も変わったかもしれない。ところが2015年、私のなかで早く作り手に戻れという声が響いた。そうして私は、その声に従って「本屋のマダム」になった。

喜びを感じる瞬間を見つけよう

働く人の幸せや、仕事の楽しさと喜びに話を戻そう。私は「ちゃんと役に立ってる」「私のやり方が通用した」「思ったとおりにやったらうまくいった」と感じる瞬間に喜びを覚える。それに、信条や考えが似ている人と一緒によいものをつくり出すときも嬉しい瞬間だ。

私があえて「瞬間」という表現を使うのは、幸せや楽しさや喜びは束の間に感じるものだと考えているからだ。それは持続的というより、とっさに込み上げる短期的な感情ではないだろうか。

仕事というのは、常に楽しいわけではない。いや、楽しいのは一瞬で、むしろ大半は葛藤とストレスがつきまとう。しかし、働く人の幸せや、喜び、楽しさも確かに存在する。そうでなければ、人生で最も長い時間を費やす仕事を続けることはできない。

大切なのは、仕事で感じる喜びや楽しさがあなたにとってなんなのかを意識すること。それがわかれば、たとえば退職や転職について考えるときの重要な判断基準になる。仕事をしていて、いつ、どんなときに満たされ、心が躍るのか、一つずつ書き出してみよう。

仕事の意味を探して

〈チェ・イナ本屋〉では、ほぼ毎日イベントが開かれる。著者によるトークイベントはもちろん、働く人や、学びを通して成長したい人のために多彩なイベントを企画している。

いくつか例を挙げてみよう。企業の中間管理職、つまり上司と若手社員のあいだで板挟みになっている人たちのためのプログラム「中間管理職は孤独だ」、『論語』を学ぶ読書会、洋書読書会、著者になって本をつくるブック・メイキング講座、美術が身近になるアート講座、息苦しさを感じている人のためのカウンセリングなど。

書店を始めた直後からこれらのプログラムを企画・運営してきた。ところで、少しおかしな言い方だが、プログラムに参加する人を見て「本当に来てくれた！」と感じることがあった。広告業界で数多くのプロジェクトを企画し、アイデアを出してきたが、実際に私たちの企画とアイデアに興味をもって足を運んでくれる人の姿を見て、感激せずにはいられなかった。

同時に、書店の運営にも企画が重要なんだとあらためて感じた。ソウル大学経営専門大学院のキム・ビヨンド教授にこの話をすると、「この世のあらゆるものは企画がミソ」だという答えが返ってきた。

私は書店を開くために50歳を過ぎてから思いきって自営業を始めたが、思っていたほど怖くなかった。書店の仕事について詳しくは知らなかったけれど、なんとかやれるだろうとは思っていた。いつもは自信過剰とはほど遠い性格なのに、いったいどこからこの自信が湧いてきたのだろう?

私はいま、何をしているのか?

一つ、古い話をしよう。ジョン・F・ケネディ大統領がアメリカ航空宇宙局（NASA）を訪問した際、清掃員に次のように尋ねた。「あなたはここでどんな仕事をしているのですか?」。すると、その清掃員はこう答えたそうだ。「宇宙飛行士を月に送り込む仕事をしています!」。ケネディ大統領がどう返したのかはわからないが、この会話のポイントは清掃員の回答にあるので、余計な説明はいらないだろう。

さらにこんな逸話がある。教会の建設現場で働く石工の三人に向かって、誰かがこう尋ねた。「いま、何をしてるのですか?」。一人目の石工はこう答えた。「見てのとおり、石を切ってるの

落ち着いた雰囲気の店内にはソファも置かれ、ゆったりとした時間が流れている。
著者を交えたイベントも開催され、交流の場になっている

さ。同じ作業の繰り返しだから、退屈で参るよ」。二人目の石工はこう答えた。「一生懸命、石を切ってるのさ。おかげで家族を養えてる」。三人目の石工はこう言った。「ぼくは神の殿堂を建ててるんだ」。

このエピソードは、仕事の意味について語るときにときどき引用される。少し補足すると、私は「同じ会社、同じオフィスで、同じ業務をしていても、仕事に対する定義は人の数だけある」と考えている。もしかしたら人の数よりたくさんあるかもしれない。私がそうだったように、自分の仕事をどんな視点から見つめるべきかと悩むたびに、定義が変わるからだ。

30年以上前、20代の私は、いまよりはるかに悲観的な人間だった。なんとかコピーライターになったものの、時間がたつにつれてどんどんつらくなっていった。仕事の意味がさっぱりわからなかったからだ。私にとって仕事とは、生計の手段だけでなく、意味のある何者かになることだったのに、コピーライターの仕事に意味を見いだせないでいた。

初めてチームに配属され、いくつか広告をつくったときのこと。決して少なくない金額をかけてつくった撮影セットを一度使っただけで壊し、新しくつくり直すのを見て、「なんて無駄なんだ」ともやもやしていた。

広告だけでなく、映画、ドラマ、ゲームなど、イメージを視覚的に具現化するコンテンツ業界では、人々の目に新鮮に映るかどうかを重視する。そのため、撮影で使うセット、衣装、美術はコンテンツづくりに欠かせない要素だ。しかし、たった数秒しか映らないセットにあれだけのお金をかけていいものなのか、そこにいったいなんの意味があるのか、新しさというのは価値中立的なものなのに、なぜ新しいものをここまで持ち上げるのかと、私は複雑な気持ちになった。

アイデアを出し、意見をすり合わせてそれらしい広告ができていく過程は楽しかったが、心の奥底では「この仕事にやりがいはあるんだろうか?」という悩みが日に日に大きくなっていった。

現実と理想は多少違っても、弁護士が正義を守り、教師が人材を育て、医師が命を救うように、それぞれの職業にはそもそも追求すべき意味があり、その分野で働く人はその意味に合った役割を果たすから尊敬される。そんなふうに考えたこともあった。「それなら、広告にはどんな意味があって、私はそのなかでどんな役割を果たしているんだろう?」。時間がたつにつれて悩みは深まった。

そこで、どんなときに評価されるのかを考えてみた。私たちがつくった広告のおかげで売り上げがアップすると、広告主から感謝される。もちろん、クリエイターたちは斬新で独創的な発想を生み出すために努力をするが、そもそもクリエイターはクライアントの問題を解決するために存在しているのだ。その結果は、売り上げの増大や、ブランドの認知度や好感度のアップというかたちで現れる。そのためこれらを達成すると称賛された。

でも、どうも腑に落ちなかった。まるで、小説家にやりがいを尋ねて「作品がベストセラーになったときです」という答えが返ってきたときのような気まずさを感じた。私はさまよいつづけた。給料は安定しているし、広告をつくる仕事も少しずつ楽しくなっていたけれど、自分の仕事の意味を見いだせない苦しみにさいなまれていた。

片手には楽しさを、もう片方の手にはクエスチョンマークを

仕事が山のようにたまっているときを除いて、私は心のなかで仕事の意味を追い求めた。時間ができたり、成果が出ずにスランプに陥ったりすると、仕事への不満や気に入らないところが目について苦しくなった。

それでも、私は悩みつづけた自分を褒めてあげたい。忙しいときは後回しになったこともあったけれど、私は仕事の意味を問いつづけ、追求した。

悩みつづけていると、ぼんやりと何かが見えてくるものなのだろうか？　暗闇に入ると、見えなかったものが少しずつ見えてくるように、私もやがて大事なことに気づいた。私には広告業で必要とされる素養と適性があるとわかったのだ！

「広告」と聞くと、多くの人はテレビCMを思い浮かべる。有名モデルを使い、パッと目を引くビジュアルとキャッチコピーでつくられるもの。ここですべてを説明するのは難しいが、じつはCMを撮るまでには長く複雑な過程がある。

大きなプロジェクトの場合、広告費が数百億ウォンにものぼるため、広告を通じて到達しようという目標がはっきりしている。さらに、大規模なプロジェクトはチャンスをつかもうとする広告代理店同士の競争も熾烈で、競合相手の戦略を考慮してコンセプトを練らなければならない。

入社してから数年間、私はこのような過程をたどりながら、自分がこの仕事に愛情をもっていることが少しずつわかってきた。プロジェクトを引き受けて思案を重ねるうちに、初めは見えなかったものが見えてきて、確信が生まれ、まさにこれだという解決策が思いついたときの喜び！説得力のあるアイデアで周囲を黙らせたときの爽快感！　何より、最初はとても導き出せそうになかった答えを、考える力によってひねり出す過程はエキサイティングで楽しかった。こうして思いついたアイデアで広告キャンペーンを展開し、望みどおりの結果を出したときの満足感も大きかった。

ところが、欲深い私は片方の手にこういった楽しさをもちながら、もう片方の手が寂しくて仕事の意味を追いつづけた。

仕事の意味を自ら定義する

諦めずに仕事の意味を追い求めていると、何度か「これかな？」と思うものを見つけることもあった。ただ、そのときはなぜか、それが正解ではないような気がして否定してしまった。

そのうちの一つが、「広告とはブランドを扱う仕事」というものだった。長期にわたって、クライアントのブランドが認知度を得て、支持されつづけるようにする仕事という意味だ。こうして広告の本質を自ら定義してみると、「私の仕事はたんに広告主の売り上げをアップさせること」と考えていたときより、ずっと心が軽くなった。

それだけではない。制作本部長や国内部門の責任者として経験を積むにつれて、仕事に対する定義も変わった。「広告業こそ、知識産業を代表する業種」だと考えるようになったのだ。当時、社報に載せた私の文章の一部を引用してみよう。

――世間は私たちの仕事をサービス業に分類するようだが、私はそれにあまり同意できない。

サービス業というと、いやおうなしに顧客の要求に応えなければならないが、私たちの仕事はどうだろう？　たとえクライアントが同意しなくても、私たちが必死に悩んで到達した解決策があるなら、どうにかして説得し、実現させる方法を模索するのが私たちの仕事ではないだろうか。

私たちと似たような仕事をする業種がある。ビジネスコンサルタントだ。彼らもクライアントの課題に対して答えを提示する。しかし、実際に行動に移すのはコンサルタントではなく企業の責任だ。私たちのようにアクションまで起こすかどうかは、よくわからない。

アイデアを示してクライアントの同意を得たら、広告を制作し、そのアイデアが正しいことを証明しなければならない。どれほどプレゼンがすばらしくても、世に出たあとで期待した結果を出せない広告には意味がない。

企画やアイデアで結果を生み出したり、変えたりすること。私たちがしているのは、そういう仕事だ。

この文章は、広告業界の先輩として、後輩たちにプライドをもってほしくて書いたものだ。当時、広告業界はメディアの変化に苦戦していて、別の業界に転職する人が増えていた。自分の仕事の意味をしっかりと見つめて肯定するときに、誇りが生まれる。後輩たちがプライドをもって

くれることを私は心から願っていた。

アイデアで解決策を生み出す人

そのうちに私は、自分の仕事がもつ別の意味も見つけた。広告は「クリエイティブなソリューションを見つける仕事」、つまり企業や共同体が直面する問題に対して、意表をつく独創的な解決策を、考える力によって見つける仕事なのだ。クリエイティブな作業には想像力が必要だ。想像力とは、いまここにないものを生み出す力を意味する。既成概念から一歩離れて、問題を異なる角度から見つめ、斬新な解決策で結果をがらりと変える。

広告主の訴える問題がじつはコアな問題ではないことを見抜き、問題を定義し直してから答えを模索することもある。これはとても刺激的でダイナミックな過程だ。人によって意見が違うため、どの戦略を選んで誰のアイデアを採用するかを決めなければならない。チーム内の摩擦を解消する必要があることも少なくない。

このような観点から私自身の仕事を見つめるなら、私は「解決人」だ。大工や木工職人が木を用いて立派な家や家具をつくるように、私は考える力やアイデアを使って解決策を生み出し、世間に公表するのだから。

こう考えるようになってから、長年不安定だった気持ちも落ち着いた。自分の仕事にまっとうな意味があることに安堵し、それからは比較的ぶれることなく仕事を続けられた。

もちろん、楽しければ十分だという人もいるだろう。身近なところにもそうした後輩がいる。彼が広告をつくる理由は、仕事が楽しいから。それだけだ。

私たちは、各人がそれぞれ異なる顔をしているように、性格も、好きなものも、大切に思っているものも違う。みなが仕事の意味について、必ずしも私と同じように考える必要はない。ただ、自分の仕事に確固たる意味を見いだせたら、強力な「後ろ盾」ができたも同然になる。そのため、自分の仕事の意味を見つけることはとても重要なのだ。

長いあいだ仕事をしていると、ときどき心が揺れ動くこともある。そんなとき、仕事の意味が私たちを根本から支えてくれる。意味を追い求める人は、そうでない人と比べて幸せを感じる確率は低いかもしれないが、不安の波が襲ってきたときにどっしりと構えていられるのだ。

仕事の本質を見抜く視点をもっているか

「30年近く広告の仕事をされていましたが、まったく違う業種である書店の仕事はいかがですか？」。これが書店を開いてからいちばんよく聞かれる質問だ。この質問の趣旨は、以前とまったく違う仕事をしているのに大丈夫か、困っていることはないか、あるいは50歳を過ぎてなぜ新しい仕事に挑戦する気になったのか、ということだろう。

そのたびに私は、書店の仕事も広告業と大きく変わらない、二つの仕事はつながっていると答える。これはいったいどういう意味だろうか。

少し大げさに言うと、同じ会社、同じ部署で同じ業務をしていても、仕事の意味や本質には人の数だけさまざまな定義がある。私自身も、仕事のたびに定義が変わった。それは決して、私の業務が変わったからではない。仕事を見つめる視点や捉え方を変えたのである。

仕事の核心は

仕事の本質を語るうえで欠かせない人物がいる。〈サムスン電子〉のイ・ゴンヒ元会長だ。生前、彼は系列会社の社長たちに仕事の本質についてよく尋ねたという。ある日、一人の社長にホテル業の本質を尋ねたところ、その人は「ホテル業はサービス業です」という当たり障りのない回答をしたそうだ。

ところが、イ・ゴンヒ元会長の考え方は違った。ホテル業は装置産業［一定以上の生産やサービスの提供のために巨大な装置を要すると考えられる産業］だというのだ。「ホテルの客室には１３００個の備品が必要で、その備品の質によってホテルの成否が左右される。つまりホテル業は装置産業だ」と。

イ・ゴンヒ元会長はさらにこう続けた。「事業の成否は、その仕事の概念を把握しているかどうかにかかっている。百貨店の運営が不動産業なのは、不動産業では〝立地〞が重要だからだ。電子産業は、誰が先に製品を世に送り出すかによって成否が決まるため、〝タイミング産業〞といえる。仕事の歴史、概念、哲学、つまり本質をとことん理解すれば成功する要素を見つけられる。私はまず、仕事の本質を把握する。本質を知らない状態では、どんな決定も下せない」

ホテル業の本質が本当に装置産業なのかどうかはともかく、仕事の本質はそれを見つめる人と時代によって変わる。大事なのは、その仕事の核心を見抜く目をもっているかどうかだ。そこがしっかりしていて正しければ、何が重要なのかを把握でき、意思決定の順序を決められ、集中すべきものが見えてくる。

一般的にミスというのは、後でするべきことを先にしたり、先にするべきことを後回しにしたりすることで生じる。あらかじめ大事なものを見抜くことができずに、たいして重要でないものに固執することも少なくない。仕事の本質を理解していないがゆえに起きる問題だ。したがって、どんな仕事をしようと時代に合わせて仕事の本質を把握し、正確な視点をもつことが肝要だ。

イ・ゴンヒ元会長の話を私たち一人ひとりに当てはめてみよう。あなたは、いましている仕事の本質を知っているだろうか？　あるいは、自分の仕事の本質について考えているだろうか？

ぜひ、向かい合ってあなたの話を聞いてみたい。

自分だけの言葉で定義するとき、力が生まれる

長いあいだ仕事の意味を追い求めていた私が、広告業の本質を自ら定義してからは心が穏やかになったのは、すでに話したとおりだ。ところで、なぜ書店を開くことになったのだろうか。

もし私が広告の仕事を「ＣＭをつくること」、あるいは「斬新なコピーを書くこと」と限定して

いたら、書店を開くのは難しかっただろう。書店に限らず、別の仕事をしようとすら思わなかったかもしれない。

しかし、広告業の本質を自分なりに定義したおかげで、私は書店を始め、その過程で大切なことに気づかされた。仕事の本質を見つけようと努力し、それを叶えたのなら、いくらでも新しい挑戦ができるのだと。また、その分野で働いた経験がないからといって、その仕事に不可欠な能力がないわけではないと。

広告業を「考える力でクリエイティブな解決策を見つけること」と定義したのには利点がある。それによって、仕事の結果よりもそこから生まれる価値に注目し、その仕事にはどんな能力が必要で、自分のどんな能力が使われているのかをきちんと捉えられるようになった。

仮に異なる業種に携わることになっても、どんな能力を発揮すべきなのかをイメージできれば、以前の仕事と無関係ではなくなる。一般的な基準で分類すれば、広告業と書店はまったく別の仕事だ。でも、その仕事をしながら、どんな役割を果たし、どんな力を発揮して、どんな価値を生み出すかという観点から見れば、私は広告業界にいた時代も書店の店長であるいまも、きわめて連続的な仕事をしている。考える力で創造的な解決策を生み出しているのだ。

私はいまも書店のコンセプトや個性を打ち立て、顧客のターゲット層に役立つプログラムを企画し、たくさんの人に届くようコミュニケーションをとる。そうした過程で求められる「考える

「20代の不安な気持ちに寄り添い、
勇気を与える」ことをテーマにした選書

「一人の時間をどう過ごすのか」を
テーマにした選書

力」をもとに、私は新しいコンテンツを生み出しつづける。以前は広告というかたちで結果を出していたが、いまはそれがキュレーションやプログラムに変わっただけだ。

「考える力」で新しい解決策を見つけだす能力。30年近く広告をつくりながら学んで会得したこの力こそ、書店を運営するうえでいちばんの原動力になった。この世の中に解決策を必要としない仕事はない。そして、この世界の答えはすべて「考える力」を基盤としている。だからこそ、広告業以外の経歴がなかった私でも、書店の世界に飛び込み、続けてこられたのだ。私はときどき冗談でこんなことを言う。第一企画から給料をもらいながら訓練を受け、経験したあらゆるものを書店に注ぎ込んでいる、と。

仕事にがむしゃらに取り組み、少しでも前に進むために昨日の自分を否定しながら思い悩んでいると、外からは見えなかったものが少しずつ見えるようになる。自分なりの考え方、視点が生まれるのだ。これは悩む人にだけ与えられる貴重な贈り物だ。そうして手にした考え方や視点は、長いあいだ仕事とうまく付き合うエネルギーになるだけではなく、未来の仕事の支えにもなってくれる。

万が一、自分がしている仕事の意味や本質について、まだはっきりとした考え方がもてていないとしても、諦めずに悩みつづけてほしい。ああでもない、こうでもないと考えを巡らせていると、近いうちに「あっ、私の仕事の価値はこれなんだ！」という瞬間が訪れるはずだ。

どんな仕事を、
誰と、どんなやり方でするときに
自分の能力を思う存分発揮できるのか、
自分にとっての動力は何か、
綿密にうかがって、
そのやり方で働かなければならない。

第2章 仕事は成長のチャンスだ

GROWTH

成長《グロース》

問題は会社じゃない！

1992年のアメリカ大統領選挙で、民主党のビル・クリントン陣営は、「経済こそが問題なのだ、この愚か者！」というスローガンを掲げて勝利を収めた。当初は、湾岸戦争の勝利によって高い支持率を得ていた現職のジョージ・ブッシュ大統領の再選が確実と言われていた。

ところが、湾岸戦争の栄光の記憶が遠のくにつれ、景気は低迷し、国民のあいだで不満が募っていった。これを絶好の機会だと考えたクリントンは、「大事なのは過去の戦争の勝利ではなく、いま低迷している経済だ」と訴えた。そして46歳のクリントンは大統領選挙で勝利し、史上3番目に若い大統領が誕生した。

クリントンのおもな戦略は「フレームの組みかえ」、つまり人々の思考のフレームを組み直し、示すことだった。「フレーム」の意味を辞書で引いてみると、「骨組み、構造、認識の仕方」と書いてある。「ものの見方」と言うこともできるだろう。同じ物事でも、見方を変えると見えるものや認識が変わる。

わかりやすく、写真を例に説明しよう。私はよく近所の漢江《ハンガン》へ散歩に行ってスマホで写真を撮るのだが、同じ場所で写真を撮っても、アングルによって写真のなかの風景が変わる。アングルが変わることで、別のものが見えるようになるのだ。

アメリカの大統領選挙で、もしクリントン陣営が「経済」というフレームを用いて国民を説得していなければ、湾岸戦争の勝利で人気を博していたブッシュ大統領が再選していたかもしれない。このように、フレームはのちの結果に強い影響を与え、結果を変えてしまうことがある。

この第2章では、「フレームの組みかえ」の視点から、転職や退職、起業について考えていく。

「人間は努力するかぎり迷うものだ」

「いつまで仕事を続けよう？　転職しようか、あるいは起業しようか？」。働く人なら、誰もが同じような悩みを心の隅に抱えている。そういう悩みは、一度ではなく、状況が変わるたびに私たちを困らせる。引いては押し寄せる波のように悩みが生じる。私もそうだった。

じつは、自分はどんな人間で、どんな人生を歩みたいと思っていて、本当にやりたいことはなんなのかという問いは、社会人になる前に考えておくべきことだ。高校生、遅くとも大学生のときに十分に悩み、生き方を見なおす時間をもったほうがいい。しかし、高校生のときは大学入試に、大学生のときは就職準備に追われているので、なかなか時間が捻出できない。生き方を見なおす時間は、その後の人生に欠かせないほど貴重だが、短期的に見るとひどく非生産的に感じられる。学校も両親も、子どもが迷い、自分自身を模索するよう放っておいてはくれない。誰もが不安で焦っているからだ。

そのため、ほとんどの若者がそのような時間をもたないまま社会人になる。社会人になって初めて、自分自身や仕事について悩む。やっとの思いで就職し、仕事にも慣れたころ、周囲を見回してようやく、自分の欲求や願望と本格的に向き合うことになるのだ。「この部署で働きつづけるべきか」「部署を移るべきか」という小さな悩みに始まり、「転職しようか」「勉強して起業しようか」と、悩みは延々と続く。激しく悩んだすえに、入社後1年で会社を辞めてしまう人もいる。

さらに、最近は起業ブームが起きている。隣の席の同僚が起業すると言って退職すると、残されたメンバーにも影響が及ぶ。自分も何かしたほうがいいのだろうか。このまま会社に残るべきだろうか。平穏だった心に悩みが生まれ、不安の波が押し寄せる。

優良企業と言われる会社に通う若者も、心のなかでは転職を考えている。私は、これは会社の不合理な慣行や、時代遅れの組織文化に疑問を抱く人が増えたからだと考えている。もちろん先輩たちも不満を感じていたものの、「そういうものだ」「金を稼ぐのは楽じゃない」「会社は遊び場じゃない」と言いながら、目をそらしてひたすら耐えてきたのだ。

ところが、ミレニアル世代やZ世代と呼ばれる若者たちは「どうしてもやらなきゃダメですか？」とか「理不尽じゃありませんか？」と異議を唱える。なぜかというと、彼らは幼いころから自分の部屋を持って育った独立的な世代なので、声を上げることに抵抗がないからだ。

さらに、彼らの目に映る先輩たちの姿も影響している。会社の言いなりになる先輩の頼りない姿を見ると、10年後、20年後の自分を見ているような気分になる。

それが原因だろうか。昔は役職に就くことが社会人の夢であり、ビジョンだったのに、最近の若者は役員をうらやむこともなければ、昇級に躍起になることもない。むしろ昇級や責任ある仕事を避け、自分の仕事だけを全うする人も多い。社会人の価値観がガラッと変わったのである。

今日も、多くの若者が、転職するか、勉強を続けるか、起業するかどうか悩みながら、「これからどうしたらいいんだろう？」と嘆いている。

正しい答えは、正しい問いから生まれる

悩むとは、その場に留まらず前進しようとする行為なのでとがめられるものではない。問題は、働くあいだじゅう定期的に苦悩に見舞われることだ。ゲーテも早くに、「人間は努力するかぎり迷うものだ」と見抜いていたではないか。

進路に関する不安は生きているあいだつきまとい、とくに仕事がうまくいかなかったり、スランプに陥ったりすると悩みは深まる。悩みに溺れないためには、どんな決定だろうと下さなければならない。そういうとき、あなたなら何を基準にするだろうか？　しかも一度や二度ではなく、何度も同じ状況に見舞われたら？　ぶれないようにするためには基準をもつべきではないだろうか。

ナ・ホンジン監督の映画『哭声《コクソン》』で、幼い娘がこんなことを言う。「何が重要なの？　何が重要かも知らないくせに……」。あなたは、自分にとって何が重要なのかを知っているだろうか？　それは高い年俸かもしれないし、成長の機会かもしれないし、退社後のプライベートな時間かもしれない。

多くの人が転職や起業だけを選択肢として思い浮かべるが、転職せずに会社にい続けること、同じ仕事を続けることも立派な選択だ。重要なのは、何を基準にその選択をしたかである。

この問題について考えているうちに、私はおもしろい点を発見した。ときどき新聞やSNSで、あるスタートアップ企業が有名投資家から巨額の投資金を得たというニュースを見かけることがある。ニュースを見た人たちは彼らに羨望のまなざしを向け、起業家たちは鼻を高くする。

ところが、そうした起業家の多くはさまざまな理由により会社を辞めた人たちだ。会社を辞めて起業し、投資を受け、事業を軌道に乗せて会社を大きくする。勤めていた会社を辞めて新しい会社をつくっただけなのに、人々はサクセスストーリーに熱狂する。結局、転職しようと起業しようと、行き着くところは会社なのである。

私が伝えたいのは、「会社に残るか、会社を辞めるか」という問いは核心ではないということだ。「転職か、起業か」も適切ではない。では、核心とはなんだろうか。

問題の答えを探るときに大事なのは、「正しい問いかどうか」である。たとえば、仕事を続けるかどうかについて考えるとき、ふつうは「会社に残るか、転職するか」について悩むだろう。でも、これは本当に正しい問いだろうか？

問いが正しくないと、堂々巡りを繰り返す。「仕事がうまくいって、まわりからも認めてもらえるなら会社に残ろう」と決めたはずなのに、転職に成功した元同僚を見て焦ってしまう。そのような状態では、進むべき道がよく見えない。

問題のフレームを組みかえてみよう

問題は会社ではない。正しい問いは、「いまの会社で、自分のやりたい仕事を、やりたいようにできるか？」だ。まず、この問いに対する答えを整理してみよう。あなたの基準で、問題を見つめる「フレーム」を組みかえるのだ。

問題の核心を見きわめ、悩みながら答えを探るのは、じつはとても困難で勇気を要することだ。なぜなら、自分と正面から向き合う必要があるからだ。ついラクなほうを選んで環境のせいにしてしまう。しかし、問題から目をそらしているだけでは何も解決しない。

私たちは人生で、幾度となく苦悩と選択の時間に直面する。そんなとき正しい選択や決定をするためには、会社や周囲の環境のせいにするのではなく、まず自分の中心に目を向けなければならない。ものの見方を変え、自分にとって大事なもの、絶対に譲れないものを把握しよう。

会社の仕事をしてあげるのではなく、自分の仕事をすること

週明けにSNSを開くと、「週末は子どもと遊んであげなきゃならないから忙しい」「子どもの相手をしてあげたからヘトヘト」という父親たちの投稿が目にとまる。彼らは、子どもたちと「遊ぶ」ではなく「遊んであげる」という表現を使う。妻の代わりに、あるいは疲れている妻に協力してあげているという思いがあるからだろうか？

最近は、母親以上に細やかに子どもをケアし、育児を自分のすべきことだと考える父親が増えている。一方で、相変わらず「遊んであげる」と言う父親も多い。

会社や職場でも同じような場面に出くわすことがある。「してやってる」というマインドで仕事に取り組む人や、して当然の仕事を「手伝う」あるいは「手伝ってやってる」と考える人は意外と多い。

私が広告代理店にいたころの話だ。複数の部署が集まって行う会議では、最後に決まってスケジュール調整が行われた。ある日の会議で、営業や企画を担当するＡＥ（アカウントエグゼクティブ）がクライアントの要求や状況を説明したところ、制作スタッフが次のように尋ねた。「いつまでにしてあげればいいですか？」そのときから、私はこの言葉が心に引っかかっていた。

その後、私は制作本部長になった。当時の制作本部にはどんよりした雰囲気がただよっていたので、現場の士気を高めるためにさまざまな努力をする必要があった。

まず何より、一人ひとりの仕事に対する姿勢を変えたいと思っていた。私は当時から考え方や姿勢が行動やパフォーマンスに大きな影響を与えると考えていたので、メンバーに次のような話をした。

「今後、ＡＥと業務について話すとき『してあげる』という表現を使うのはやめましょう。ＡＥにはＡＥの仕事が、制作には制作の仕事があります。私たちはただ、自分の仕事をするだけです。ですから『いつまでにしてあげればいいですか』ではなく、『いつまでにすればいいですか？』と言いましょう！」

はたして当時の後輩たちは、この言葉の意味をきちんと理解し、共感しただろうか？

お金では買えないチャンス

最近、ますますコスパが重視される風潮だ。かかった費用に対して得られる効果が高いことを、コスパが高いという。このコスパの概念を職場に適用したらどうなるだろうか？　どのみち給料は変わらないんだから、努力や苦労は少ないほうがいいと考えるようになるだろう。給料をもらう代わりに仕事を「してやってる」ので、労力は少ないほうがコスパもいい。

でも、もしその考えが正しいとしたら、会社での毎日はなんなのだろう？　コスパを気にする人は、月曜日から金曜日まで会社で働き、本当に好きなことは週末にしようとする。あたかも平日は自分の人生ではないと言わんばかりに。給料のために自分の欲求を隠し、会社に言われるがまま体を動かす。でも、人生の一日一日をそんなふうに過ごしてもいいのだろうか？

私たちにとって最も希少な資源は時間だ。お金はないところからも生まれるが、時間はそうではない。たくさんの人が未来ではなく、いま幸せになるべきだと考えているのも、その瞬間が二度と戻らない貴重な時間だからだ。

だから、まずは時間についてよく考えてみよう。あなたは、たった一つの人生を、二度と戻らない時間をいまの会社で過ごしている。万が一、いまの会社が凝り固まった組織文化のせいで社員の意見を聞き入れなかったり、アイデアを出しても上司が陳腐な理由を並べてやり直しを命じたりするなら、転職を考えたほうがいい。

しかし、これといった代案がなく、ひとまず会社に残らなければならないときはどうしたらいいだろう？　努力してもどうせ認められないのだから、最低限の仕事をこなすべきだろうか。もう少し楽しければ新しいアイデアを思いついたり、いいものをつくろうと努力したりするだろうに、組織が閉鎖的だとやる気も出ないだろう。

ところが、そのような決めつけは、自分にとって決してプラスにならない。相手の明るい未来を願って「花道だけを歩んでください」という言葉を贈ることがよくあるが、常に花道だけを歩む人はいない。花道を歩むときがあれば茨の道を歩むときもある。だから、いまがどんな時期であろうと、重要なのは働いている場所で日々を充実させることだ。最終的には、それらの時間が積み重なって人生ができあがるのだから。

まずは、仕事を見る目を変え、仕事をチャンスだと考えてみてはどうだろう？　いくらお金があっても個人では手に入れられないチャンスを、会社のおかげで手に入れられると考えるのだ。

カンヌライオンズ（Cannes Lions）という世界的な広告祭がある。映画業界のカンヌ映画祭と同じく、広告業界で最も権威あるクリエイティビティ・フェスティバルだ。ここで賞を獲ることは、広告クリエイターにとって栄誉であり、喜びだ。二十数年前から、韓国の広告関係者もほぼ毎年、審査委員を務めている。世界的イベントの審査員を務める貴重な機会は、個人にとっても大きな学びになる。

1998年、私にもそのチャンスが巡ってきた。世界的なリゾート地、フランスのカンヌの5つ星ホテルに滞在しながら、世界じゅうの広告会社が出品したテレビCM作品を評価し、受賞作を決める仕事だった。その過程で自然に世界最高峰のクリエイティブに触れながら刺激を受け、インスピレーションを得た。

私がいくらお金持ちだったとしても、第一企画で働いていなければチャンスは巡ってこなかっただろう。会社にいたからこそ得られたチャンスだ。そのようなチャンスは、一つや二つだけだろうか?

同じ時間、異なる密度

キャリアを積み、仕事ができる人について話すとき、私たちは「あの人、○○企業に入って10年目なんだって」と表現することがある。これには、あの会社で10年働いたから仕事もできて当然だという意味が込められている。しかし、本当にそうなのだろうか?

これまで何人もの人を中途採用してきた私は、「○○企業に入って何年目」の表すものが限定

世界的な広告祭カンヌライオンズの審査員を務めた頃のチェ・イナ氏。
写真は日本を訪れたときのもの

的であることに気づいた。同じ会社で、同じ年数働いたとしても、人によって時間の密度は異なる。ある人は与えられた仕事だけをこなし、ある人は進んで自分の仕事について悩み、答えを見つけようと努力する。

そのような密度の差は、10年後、スキルやパフォーマンスの差として表れる。初めからスキルに差があったのではなく、仕事への考え方や姿勢が違っていたのだ。その考え方と姿勢のおかげで経験や洞察力が蓄積し、目に見える差が生まれたのだろう。

書店を始めてから、「やっぱり『自分のお店』と月給取りは違うんじゃありませんか?」とよく訊かれる。きっと「ええ、月給取りのときも一生懸命働いてたけど、『自分のお店』はやっぱり違いますね」という答えを期待しているのだろう。でもじつを言うと、たいして変わらない。書店を営んでいるいまは当然だが、月給取りだったときも会社の仕事が自分の仕事だと考えていたからだ。

「オーナーシップを持とう」というのは、会社のオーナーになれという意味ではなく、任された仕事のオーナーになれという意味だ。いくらつまらない仕事でも、任されたなら自分の仕事。会社の仕事を「してやる」のではなく、私が自分の仕事をするのだ。

かつて、某女性ブランドのプレゼンを準備していたときのこと。私たちは雑誌の企画案を一つひとつ撮影してスライドをつくり、それをスクリーンに映し出すことにした。「ビジュアルだけでなく、映画のように音楽をつけよう」という意見が出たため、企画に合う音楽も選んだ。上司がプレゼンを行い、私はそれに合わせてスライドをめくった。

当時は１９９０年代初期。いまのように誰でも簡単に動画をつくれる時代ではなかった。スライドをスクリーンに映し出し、それに合わせて音楽をカセットテープで再生する。スライドをめくりながら音楽を流すのは難しい作業ではなかったが、全体の流れを把握する必要があった。

私はコピーライターだったので、アイデアを出し、キャッチコピーを書けばよかった。スライドの順番を確認し、スライドに合わせて音楽をかけるのは私の仕事ではないどころか、ただの雑用に近かった。

それでも私は一生懸命やった。いくら小さな仕事でも引き受けたからにはうまくやりたかったし、チームの役に立ちたかった。ミスをしないように一人で何度も練習した。私のそんな姿を見て、上司は「彼女に頼めば安心しても大丈夫」と感じたようだった。それから上司は、しばしば私にアイデアや意見を求め、私の話に耳を傾けてくれた。そうして社内で少しずつ居場所ができていった。

最初から大きな仕事が回ってきたわけではなかった。プロ野球選手も化け物級の新人をのぞけば、初めからレギュラーとして試合に出るのは難しい。まずは控え選手としてベンチを守る。そのうち代打で打席に立ったり、ワンポイントリリーフで登板したりしながら少しずつチャンスを得る。選手たちはレギュラーの座を手にするために必死に練習する。

もし彼らが、「レギュラーでもないのに、体を酷使する必要はない。年俸分の働きさえすればいいさ」と考えたら、はたして試合に出る機会は巡ってくるだろうか？

チームが勝利するとき、個人技も輝く

私たちもプロ野球選手を参考にするといい。とにかく必死に食らいつき、自分の価値を上げるのだ。価値を上げるためには、自分の仕事だけをこなすのではなく、会社の役に立とう。

会社で働くことは、スポーツでいえば野球やサッカーのようなチームスポーツだ。プロ選手と

してのいちばんの役割は、自分のプレーをすることではなく、所属チームに勝利をもたらすこと。秀でた個人技も、チームの勝利に貢献したときに輝きを放つ。

サッカー選手なら、ゴールを入れようとアシストをしようとチームを勝利に導くことが重要だ。2021年、トッテナムのソン・フンミン選手がハットトリックを記録した。3ゴールすべて、ハリー・ケイン選手のパスがきっかけだった。

なぜ彼は、自らシュートを打たずにソン・フンミン選手にパスしたのだろう？　それは、パスしたほうが得点する確率、つまりチームが勝利する確率が高くなると判断したからだ。彼はチームの勝利のためだけにパスしたのだろうか？　きっとそうではない。チームを勝利に導くことが自分のためになると考えたのだろう。

その日の試合後、ソン・フンミン選手のインタビュー中にジョゼ・モウリーニョ監督（当時）が顔を出した。記者にMVPを訊かれた監督は、ゴールを決めたソン・フンミン選手の名前ではなく、ケイン選手の名を挙げた。続けて彼は、「ケインは直接ゴールこそ決めなかったが、勝利に大きく貢献した選手」と述べた。おそらく監督は、「チーム競技では、輝きを放つ役割と同じくらい勝利に貢献する役割も重要だ」と考えていたのだろう。

プロになりたい、プロとして認められたい、そう思うならプロらしい行動をしよう。そのとき忘れてはならないのが、「自分のために働き、結果を出すことで貢献しよう」という心づもりだ。

組織や世間がすぐに自分の努力に気づいてくれなくても、がっかりする必要はない。むしろ心のなかで闘志を燃やしてほしい。「私に気づかないなんて。見てなさい。いつか認めさせてやる！」

会社や上司が認めてくれないからといって、適当に手を抜いて貴重な月日を無駄にするのは愚かな真似だ。だからこそ、あらためて自分自身のために働いてほしいと伝えたい。

働く時間は財産を築く時間

考えてみると、入社当時、何事も必死でがんばるぞと闘志を燃やしていた人であればあるほど、さっさと社内での立ち回り方を決めてしまう。そのとき彼らの頭のなかにあるのは、一生懸命やったからといって必ずしも評価されるわけではなく、むしろうまくやればやるほど仕事が増えるという点だ。だから評判が落ちない程度に働き、財テクや自己開発に集中しようする。まさに「賢い職場生活」である。

大きな組織では仕事ができなくても、一生懸命やらなくても、人間性によっぽど問題がないかぎり円満な職場生活が送れる。大きな会社は「隠れるのにちょうどいい部屋」であることが多い。もちろん熱心に働いていい成果を出す人もいるが、会社はそういう人に目をつけるのが早い。その結果、彼らは仕事に追われるようになる。

彼らを悩ますのは、山積みの仕事だけではない。優秀な人は教育の機会からも除外されやすいのだ。人事チームは当然、コア人材に教育の機会を与えたがるが、彼らが所属する部署の上司は

「あの人が抜けたら仕事に支障が出る」と言って困惑する。そのため、質のいい教育の機会は仕事を無難にこなす人に渡るのである。なんとも皮肉な話だ。

仕事ができる人のジレンマ

事実、仕事は優秀な人に集まる。とくに重要な仕事であればあるほどそうだ。数百人規模の組織を率いていた私もそうだった。リーダーの立場では、成功しなければならない重要なプロジェクトであればあるほど、できる人、信頼できる人に任せる。できるだけ多くの人に機会を与え、構成員のスキルを底上げすることも大切だが、重要な戦いを前にすれば誰もがまずは優秀な人を思い浮かべるだろう。

しかし、優秀な人材は常に足りていない。だから仕方なく一部の人に仕事が押し寄せてしまうのだが、当事者にとってはたまったものではないだろう。ストレスフルの状態で次々と仕事が押し寄せたら、「私だけ損してない？　これでいいの？」という気持ちになる。

さて、ここで質問だ。私たちはがむしゃらに働くのではなく、「賢い職場生活」に賛同すべきだろうか？

答えを聞く前に、また別の考え方を一つ紹介しよう。新入社員として入社した会社で29年間働き、2年間の自由を満喫したあと、いまは書店を営む私は次のように考えている。はたから見ると、組織で働くことは会社の業務をこなしているようにしか見えないかもしれないが、じつは自分の財産を築いている時間なのだと。意外に感じるだろうか？　でも本当の話である。

自分のなかに築かれたものは、その後の人生をともにする

仮に、あなたがいまの会社を辞めるとしよう。それまで担当していた業務は後任者に引き継がれるだろう。では、仕事を通じて得た知識やノウハウ、経験はどうなるだろうか。それらをすべて置いたまま、空っぽの頭、空っぽの心で会社を去るのだろうか？

そうではない。それらはきちんとあなたのなかに築かれている。ほかの誰も真似できない、あなただけのものだ。仕事で築いた人脈やネットワークもそう。所属が変わるだけで、仕事で積みあげたものはすべてあなたとともに歩んでいく。

もちろん、組織で働いていると不合理で不公平なこともたくさんあるだろう。そのときは積極的に声を上げるべきだが、すぐには改善しないことも多い。では、私たち個人にはどんな選択肢があるだろう？

これまでのように最善を尽くしながら改善策を模索する方法もあるし、転職や起業などの道を

模索する方法もある。それから、会社に残り仕事に投入するエネルギーを最小限に維持したまま、賢い職場生活を送る方法もある。

あなたはどんな選択をするだろうか？　選択する前に、思い出してほしいことがある。会社や組織で働くあいだも私たちの尊い人生は続いていて、働く時間すべてがあなたの財産として築かれるのだと。

それなら、ほかの人と比べて仕事が多いと嘆くのではなく、仕事を通じてできるだけ多くのことを深く、多角的に経験して学ぶほうが得ではないだろうか？　つまらない理由で仕事に対する情熱を消してはいけない。

どこで、誰と、どうやって働くのか

私は退職してから何度か企業でコーチングをした。企業で講演をしたとき、社員教育やコーチングの依頼があったのだ。コーチングに関する体系的な教育は受けたことがなかったけれど、依頼が入ればおおむね引き受けるようにした。長年、役員として働いた経験と、広告業界でのキャリアをもとにして勇気を出した。そうして一対一の役員コーチングが始まった。

私がコーチングをしながら大事にしていたのは、「どうすれば、この人がもつ力を自覚させられるだろうか?」ということだった。私は、自分の問題は自分で答えを見つけるべきで、そのためにはまず「自覚」が必要だと考えている。自覚して初めて、能動的に行動できるようになるからだ。

コーチングの際はまず、私が答えを示すわけではないことをはっきり伝え、新しいことを教えるより各人に合わせた問いを投げかけ、自分を知ってもらうことに注力した。私が自分にそうしたように、常識的な思考を超え、これまでとは異なる視点で考えられるように問いを投げかけたのだ。毎日同じ道ばかりを歩んでいた人に、別の道を示そうとしたとでも言おうか。

会社で仕事ばかりしているとつい視野が狭くなりがちだ。常にタスクが待ち構えていて、今日は何をしようかと考える暇もない。毎日毎日、与えられた仕事をこなしていると、本当に重要な、自分の悩みについて深く考えられなくなる。たとえ役員になろうと、会社員ならみな同じ悩みを抱えているだろうと思っていたので、問いを通して視野を広げたいと思っていた。

いいときも悪いときも自分の道を進むには

どんな仕事をしようと、つらいときはやってくるものだ。どうすればその時間を乗り越えられるだろうか。

仕事がうまくいかなかったり、結果が悪かったりすると、「なんでこんなことしてるんだろう？こんなつらいことをして、何がしたいんだろう？」という思いが込み上げる。そんなとき、はっきりした動機や理由がないとすぐに仕事を辞めかねない。仕事が続かなければ経験も積めない。大きな塊ではなく、バラバラの破片が残るだけだ。

２０２２年、北京冬季オリンピックのスピードスケート・ショートトラック男子１０００メートルの準決勝で、疑惑の判定により失格になったファン・デホン選手。しかし１５００メートルでは誰もが認める完璧な競技で金メダルを獲得した。納得のいかない失格により精神的なダメージを受けたとき、彼はバスケの神様マイケル・ジョーダンの言葉を思い出したという。

「障害を前にして立ち止まることはない。壁にぶち当たったとき、背を向けて諦めてはいけない。どうやって壁を乗り越えるか、突き進むか、あるいは回り込むかを考えるんだ」

ＮＢＡの歴史上、ナンバーワンと称されるマイケル・ジョーダンは契約書に次のような条項を入れたそうだ。「私はただバスケが好きなので、上記に明記した試合以外にも、いくつかの試合は無償で出場する」

彼はなぜこのような条項を入れたのだろう？　それは、彼が心からバスケットボールを愛していたから。彼はつらいときもバスケットボールを続けるべき理由を、きちんと理解していたのだ。

２０２２年のＦＩＦＡワールドカップに出場した韓国の代表チームは、「大事なのは折れない心」を合言葉に闘志を燃やした。彼らの快進撃はベスト16止まりだったが、私たちは心を一つにして応援した。韓国代表である彼らは、自分たちが誰なのか、どこで何をすべきなのかをよく理解し、最後の瞬間まで全力を尽くした。国民はベスト16進出という結果よりも、そんな彼らの姿に歓喜していたのではないかと思う。

ここまで書いて、ふと私の好きな広告を紹介したくなった。２０００年代初めにつくられたダックスゴルフ（ＤＡＫＳ　ＧＯＬＦ）の広告で、アメリカの有名プロゴルファー、カーチス・ストレンジがモデルを務めた。

ゴルフは自分との戦いでもあり、
ゴルフでの勝ち負けは
心の持ちようにかかっているともいいます。

数多くの試合を通して
私はその言葉をフィールド上で実感し、
新たに学びます。

勝利の瞬間、私はフィールドにいて
敗退の瞬間、
そのときも私はフィールドにいました。
私はフィールドで人生をスタートさせ、
フィールドで人生を完成させながら生きていくでしょう。
私はゴルファーですから。

当時の私はゴルフについてよく知らなかったにもかかわらず、しばらくこの広告が頭から離れなかった。自分の道を突き進む人の志のようなものが感じられた。

私が紹介した人たちは、自分がなぜそこにいて、なぜそのような時間を送っているのかをきちんと理解している。理解しているからこそ、悲喜こもごもや仕事の出来ぐあいに左右されず、黙々と自分の道を突き進めるのである。

私たちはみな、自分の人生のリーダー

以前コーチングで指導した人のなかに、仕事を愛してやまない女性がいた。1週間に一度、計12回のコーチングは彼女にとっても私にとっても有意義で、私たちはコーチングが終わってからもときどき食事をして悩みを語り合った。

彼女はとにかく仕事に一生懸命だった。社長が思わず「早く退社して子どもと過ごしてください。あなたにこそワークライスバランスが必要です」と言うほど、仕事に夢中だった。そんな彼女がある日、こう漏らした。

「私はなんでこんなに仕事に一生懸命なんでしょう？　起きているあいだの優先順位は、仕事が

いちばんなんです。きっと会社に対する愛情が深すぎるせいでしょうね」

私は、彼女の言わんとすることがわかる気がした。私にも似たような経験があったからだ。私はほかの会社がいくら年俸を上げてくれるとしても、第一企画と同じようには働けないと考えてきた。私にとって第一企画は、たんなる職場以上の存在だ。初めての職場であり、学びも、人との縁も、成長も、すべてそこで成し遂げたから。会社に対する不満もあったし、憎んだこともあるけれど、慕情もまた大きかった。それはきっと、ともに過ごした仲間に対する愛情だったのだろう。

しかし彼女は、新卒ではなく中途採用でその会社に入ったという。初めての職場でもないし、数十年働いたわけでもないのにどうしてなのかと、私は彼女に問いかけた。

すると彼女は、リーダーの影響だと答えた。以前の会社では言われるがままに働いていたが、いまの会社で出会ったリーダーたちは自分を信頼し、どんな意見も気軽に話せる雰囲気をつくってくれるのだと。そのうち仕事についてもじっくり考えるようになり、誰かに言われなくても進んで動くようになったという。さらに彼女は、夫にしたという話を私にも聞かせてくれた。

「私はコーチングを受けて二つのことに気づきました。一つ目は、私は仕事をするときに主導権を握れるかどうかを重要視すること。二つ目は、人間関係や周囲の環境など、細かいことを気にする性格であること。これに気づいたおかげで、仕事をするかどうかの選択と決定の基準がはっきりしました」

彼女の話は重要なことを示唆している。自分を動かすおもな原動力はなにで、どんなときに喜びや悲しみを感じるのか、どんなときにやる気が湧いて、あるいは力が抜けるのか、どんなときにいい成果を出せるのか……。これらを知れば、自分がどこで、誰と、どんな仕事をするべきかがはっきり整理できる。彼女はいきいきと働くために、自分が主導権を握り、中心になれるいまの会社で働くのが妥当だと気づいた。そして仕事に情熱を注いでいる。

さて、あなたの原動力はなんだろう？　自分を奮い立たせるもの、困難のなかでもくじけずに熱中できるものが何か、理解しているだろうか？

私が第一企画の制作本部長になった当初、制作本部は士気が下がっていた。私に与えられたミッションは、チームのモチベーションを上げ、国内ナンバーワン企業の威厳を取り戻すというものだった。私は自分に問いかけた。

「パフォーマンスが下がった理由はなんだろう？　私たちがもつ潜在能力をすべて発揮してもこの程度なのか、あるいはエネルギーを発散しきれなかったのだろうか？」

答えを模索するうち、次のような結論に至った。

「もし前者が理由なら、優秀な人材を補てんするのに注力すべきだ。もし後者なら、やり方を変えればいい。私たちの会社が、すきま風のひどい古い家と同じ状況だとしたらどうすればいいだろうか。システムを革新し、社員の能力を引き出して発揮できるようにしよう」

私は、当時の会社の問題点を指摘したいわけではない。メンバーそれぞれが力を発揮できるようにするのがリーダーの役割であるように、個人も自分の人生に対してそうであるべきだ。私たちはみな、自分の人生のリーダーなのだから！

どこで、誰と、どんな条件で働くときに喜びを感じ、成果が出て、がんばりたいと思えるのか。自問と省察を通して答えを見つけよう。あなたを動かし、実力を発揮させる原動力を見つけて、活用してほしい。

どう使われたいのか

いま振り返ってみると、もっと運動して、もっとたくさん文章を書けばよかったと思っている。ただ私は、何も書いてこなかったわけではなく、常に何かしらの文章は書いていた。会社員のころはコピーや企画書、プレゼンのスクリプトを書き、書店を始めてからはコンテンツの企画書やSNSの投稿文、コラムもいくつか書いた。つまり私は、自発的に心を動かされて書いた文章が少ないことを後悔しているのである。

ところで、私の文章には思ったより受動態の文章が多いという特徴がある。たとえば「このプログラムは10月1日から行われます」という一文。「10月1日から行います」と書いてもいいはずなのに、「行われます」となっている。

私だけではなく、メディアのニュースにも受動態の文章が散見される。次の例を見てみよう。

「これにより、客が店員に注文するか、モニターをタッチしてメニューを選択すると、料理がテーブルに運ばれるかたちで運営される予定だ」「十分な話し合いの結果、週52時間勤務制の改編に関する協議会の立場が決定された」。前者は「運営する予定だ」、後者は「協議会は立場を決定した」と言い換えられる。

受動態を使うと主語が見えづらくなる。主語がはっきりしないため、責任もあやふやになる。おそらく、実際にそのような意図があるから受動態を使うのではないだろうか。よく考えてみると、私も当事者として表に出たくないとき、もっと正直に言えば匿名の陰に隠れたいときに受動態を使う。堂々とした態度というのは、文章一つにも表れるものなのだと思い直すきっかけになった。

「使われる」という言葉が好きな理由

でも、今後も直したくないと思う、むしろ好んで使っている受動態の表現がある。「使われる」という言葉だ。私はこれを、「私はきちんと使われているだろうか?」「私はどんなふうに使われたいのか?」というように使う。

できるだけ受動態の表現は使わないようにしているけれど、受動態こそよほど積極的で、能動的な意味を表すと感じることがある。その代表が「どこどこに使われる」というフレーズ。私は常に、どう使われたいか、いまの使われ方に満足しているかどうかを考えていて、使われ方に満足できなければ、別のやり方を模索する。

私が「使われる」という言葉にこだわるのは、この言葉がなんらかの価値につながっていると信じているからだ。たんに好きな仕事をし、達成感を味わうよりさらに高度な次元に到達する感覚。努力の結果が個人の満足感だけにとどまらず、自分の所属する組織を一歩前進させる感覚。同僚の役に立つ感覚。きっとあなたも感じたことがあるのではないだろうか?

望まない方法で組織に使われるとき

プレゼンがうまいことで有名な後輩がいた。プロジェクトによってはアイデアと同じくらいプレゼンが重要視されることもあるので、同僚たちは何かにつけて彼にプレゼンを頼み、彼もよほど忙しくないかぎり引き受けていた。

ある年の人事評価で、私は彼に「自分の使われ方に納得しているか」と尋ねた。すぐに答えが返ってこなかったので、「同僚はどんなときにあなたを頼ると思うか」と質問を変えた。彼がなんと答えたのかはよく覚えていない。大事なのはこのド直球な質問が、彼自身を省みるきっかけになったであろうことだ。

なぜこんな質問をしたかというと、長所のおかげで得るものがあれば、そのせいで損をすることもあるのが世の定めだからだ。クリエイティブな業界に身を置く人にとって、プレゼンのうまさは長所であり競争力だ。ただし使われ方によっては、その能力がクリエイティブというコアバリューから遠ざかる可能性もある。

新しいものをつくり出す広告マンが、本質のコンテンツ制作よりもプレゼンで引く手あまたになるのは、本人にとってもいいことばかりではない。だから、彼自身はそのことを知っているのか、それでもいいのかと尋ねたのである。

当時本部長だった私は、人事評価を伝えるだけにとどまらず、メンバーそれぞれに自分を見つめ直してもらい、より大きな成長を感じてほしかった。その第一歩は、いつだって質問だった。

あなたも同じような悩みを抱えているかもしれない。Aの仕事をしたいのに、会社がしきりにBの仕事を振ってくるときは、どうすればいいだろう？　あなたは自分にどんな才能があって、それをどう使いたいか、きちんと理解しているだろうか？

やりたい仕事をして生きていきたいけれど、何がやりたいのかわからないと嘆く人は多い。好きなものを見つけるのは簡単なことではない。能力も同じだ。自分がどんな能力をもっているのかわからないまま、目の前の仕事をこなす過程で「ああ、私にはこんな力があったんだ、こういう仕事が好きだったんだ」と気づくこともある。

人間の行動は90パーセントが無意識だという。つまり、自分のなかで起きていることに、当の本人が気づかない場合が多いという意味だ。ぶつけた覚えがないのに、気づくとあざができているのがいい例だ。

だから、もし会社にやりたくない仕事を命じられたら、他人に迷惑をかけたり自分の価値観に背いたりしない以上、できるだけ挑戦してみてほしい。それまで意識していなかっただけで、あなたが好きな仕事、あなたに向いている仕事かもしれないのだから。

「私にこんな一面があったんだ」

その前に、より本質的な問いを自分に投げかけてみよう。「私はどう使われたいのか、どう使われることに満足するのか？」と。

初めから望んだ仕事ではないけれど、いまの仕事を続けてみようという結論に至ったのなら問題ない。ただし、「会社にこうは使われたくない」という考えがはっきりしているなら別の道を探そう。どう使われたいか、自分なりの答えを見つけるのが肝要だ。

この問いは、「与えられた仕事をするかどうか」に比べて深みがあるので、その仕事をするために発揮しなければならないスキルや、我慢しなければならないことにじっくり向き合うようになる。すると、仕事の意義や、やりたい仕事について、自分の正直な気持ちが見えてくるだろう。

だからあなたも自分に問いかけてみよう。

私たちは、誰かの役に立つと心が満たされる。すぐに利益が出なくても、引き受けた仕事を通じて誰かが喜んでくれると幸せな気分になる。「私にこんな一面があったんだ」と驚くこともあるだろう。

自分の意図や好み、趣向に沿った仕事だけが成長につながるわけではない。ときには嫌いな仕事や、すぐに利益が出ない仕事のおかげで成長できる。そうして前進するうちに、新たな自分に出合うターニングポイントを迎える。自分ではまったく気づかなかった何かを、仕事が引き出してくれるのである。

もちろん、より大きな問い、つまりどう使われたいのか、どう使ってもらったときに成長でき、貢献できるのかについてはたえず考え続ける必要がある。

この問いとは一生付き合うことになるだろう。ある地点で答えを見つけたとしても、経験を積んで状況が変わるにつれ、答えが変わる可能性もあるからだ。それらの答えがつながり、キャリアになるのではないだろうか？

無理をしてまわりに合わせる必要はない。
どのみち「私」がするのだから、
自分が得意な、
好きなやり方でやればいい。
そうすれば勝てるし、世間に通じる。
そのためには、自分のなかに何があって
自分がどんな人間かを
見きわめなければならない。

第3章

私の名前3文字がブランド

BRANDING

ブランディング

自分をブランドとして見つめること

ある講演で「〈チェ・イナ本屋〉のライバルはどこですか？」という質問を受けた。私は、「たくさんいます。うちは本の販売、講演の企画と進行、本の定期配送サービス、ライブラリーの選書およびキュレーション、心理相談などをしているので、分野ごとにライバルが違います。これらすべてを併せもつライバルはとくに思い浮かびません。うちのような店がほかにないからでしょうね」と答えた。

書店を始めたときから、本だけを売るつもりはなかった。やってみたいことがたくさんあった。とくに、〈チェ・イナ本屋〉を「思考が行き交う場所」にしたいと思っていた。

「思考」は私の長年のキーワードだ。以前から新しくて思いがけないものに出合うと、すぐにその背景にある思考が知りたくなった。いったい何を思ってこんなものをつくったんだろう？　政治外交学を専攻していた私は、専攻科目のなかでも政治思想に関心があった。「民主主義」というシステムがどんな思想のものとでつくられたのかをとことん掘り下げた。

広告業界の仕事も、じつは思考を扱うものだ。コンセプト、アイデア、考え方、見方。さまざまな名前で呼ばれるそれらを、新しいかたちにするのが仕事だったので、私の興味や価値観は常に「思考」を向いていた。

書店を開いて初めて企画したのが「作り手の思考法」というシリーズ講演会だ。我こそはというコピーライター6名を招待し、すばらしいアイデアの種をどこから集め、どうやって蓄えておくのか、その思考法を共有する。名前と顔こそ知られていないものの、彼らのつくったコピーを見れば誰もが「あ、あの広告！」と声を上げるほど、有名で人気のコピーライターが集まった。

私も講演者の一人として、どんな話をしようかずいぶん頭を悩ませた。自分の店での講演会であるうえ、私が最年長者だったので不安が大きかった。それに参加者はお金を払って講演を聴いてくれる。それに見合った内容にしなきゃというプレッシャーもあった。

ある日いつものように出勤すると、その日にかぎって看板が目に飛び込んできた。〈최인아《チェ・イナ》本屋〉。私の名前が、でかでかと記されている。「私はいったいどういうつもりで自分の名前なんかつけたんだろう？」

そう思うと同時に、数日後に控えた講演会の内容がパッと頭に浮かんだ。聴衆が私に訊きたいこと、たとえば「およそ30年という長い時間をどう耐え抜いたのか？」「そのあいだ、支えになったものは？」のような。そういう話こそ、私が先輩としていちばんうまく伝えられると考えた。

そう、つまりブランドの話である。私が自分自身をブランドとして見つめ、歩んできた物語。

私たち一人ひとりが、唯一無二のブランド

「私の名前3文字がブランドだ」は、2007年、私が『朝鮮日報』に寄稿したコラムのタイトルだ。消費者として購入する製品やサービスだけではなく、私たち自身が一つのブランドであるという考えを以前からもっていたものの、メディアで公表したのはこのときが初めてだった。

〈チェ・イナ本屋〉の入り口。
自分をブランドとして捉え、店の名前を決めた

広告業界の仕事はCMや新聞広告、ユーチューブなどのデジタルメディアに掲載するコンテンツをつくることだ。しかし、広告業界に足を踏み入れてから10年以上たったころ、私は自分の仕事、つまり広告をそれまでとは違った目で見つめるようになっていた。「私の仕事はブランドを扱う仕事なんだ。エニーコール〔サムスン電子の携帯電話〕だけがブランドじゃない。私の名前3文字もブランドだ」と。アイデアを出し、コピーをうまく書くのとはまるで違うけれど、結果的にこの

考え方が私を支え、成長させてくれた。

ナイキ、ギャラクシー、アイフォン、テスラ、スターバックスのような消費者が購入する製品やサービスだけがブランドではなく、私たち自身も一つのブランドだ。仕事をはじめたばかりの人は新規ブランド、課長くらいのキャリアを積めば中堅ブランド、それ以上は老舗ブランドといえよう。

新規ブランドは新規ブランドなりに、中堅ブランドは中堅ブランドなりに、老舗ブランドは老舗ブランドなりにやるべきことがあるように、私たちも時期に応じてやるべき仕事がある。

最近はブランディングやマーケティング、広告業に関わっていない人もブランドに関心をもち、パーソナルブランディングに力を入れる。ところが、ときどき誤解している人を見かける。

ある分野で成功するためには、当然、高い成果を出さなければならないが、それは必要十分条件ではない。その存在と魅力を世間に知らせ、顧客に選ばれなければ意味がない。つまり、ブランディングは成功に欠かせない不確定要素なのである。そういうわけで、期待した成果や評判が得られないと、人はブランディングにその原因があると考える。自分は必死に努力したのに、ブランディングが弱かったせいで成果が出なかったのだと。一理ある話だが、本当にそうなのだろうか？

実体と認識のあいだ

ならば、ブランディングとはなんだろう？　この世にはブランディングに関する定義がいくつも存在するが、私はシンプルにRとPの関係を意のままにつくりあげる作業だと考えている。ここでのRは実体を意味する Reality、Pは認識を意味する Perception だ。要するにブランディングとは、実体をもとに人々の認識をつくりあげる作業なのである。

たとえば仕事ができる人なら、同僚、先輩や後輩、顧客に自分がそういう人間であると認識させるのがブランディングだ。なぜこういうブランディングが大事なのかというと、まわりの人がその事実を知らない場合、つまり仕事ができる人の「実体」と他人の「認識」がかい離していると歯がゆい思いをするからだ。

RとPの関係は三つあって、不等号を用いて表すとR<P, R=P, R>Pとなる。RがPより小さい場合は認識が実体を凌駕することを、RがPと同等の場合は認識と実体が同じことを、そしてRがPより大きい場合は認識が実体に及ばないことを意味する。つまり実体をもとに少なくとも実体と同じか、実体よりマシな認識をつくるのがブランディングだ。

しかし、ここでしばしば誤解が生じる。ブランディングはRよりマシなP、すなわち実体よりマシな認識をつくる作業なので、70点の実体が90点の評判を得るようにするのがブランディングだと思い込んでしまうのだ。すると、実体よりも認識や評判をつくることに躍起になる。実体を軽視するようになるのである。実体を軽視すると実体と認識のかい離が大きくなり、そのような認識は長続きしない。

とくにパーソナルブランディングでよく見受けられる傾向だ。パーソナルブランディングとは、ある個人に対するいいイメージだけを生み出すものではない。まずはどんなブランドになるべきか、その理由は何か、どうやって、何になるのかについて考えなければならない。

どんな価値を生み出して認められるのか？　選挙のときにだけイメージ戦略に必死になる政治家でないなら、働く人のパーソナルブランディングは自分のつくりあげる価値、すなわち実体に関する悩みを起点に据えるべきだ。

では、自分をブランドとして考えることは何を意味し、どんな点で有益なのだろうか。今から一つずつ説明していく。

私はどんな価値を創造したいか

自分自身がブランドだと考えるようになると、それまでと比べて何が変わり、何が手に入るだろう？　まず、自分を客観的に見つめ、評価できるようになる。さらに、やるべきことがはっきりする。やるべきことがわかれば、あなたはすでに道の半ばまで来たようなものだ。

■自分と距離を置くと本来の姿が見える

会社では毎年、人事評価が行われる。第一企画では、上司だけではなく同僚や後輩、協力するほかの部署など、複数の人の評価を総合する多面評価が導入されている。さらには自己評価もある。

しかし、その結果を比べてみると他人の評価と自己評価が大きくかけ離れている人がいる。他人のつけた点数より、自分のつけた点数が圧倒的に高い。「他人から見る私」と「自分から見る私」の差が大きいのだ。こういう人は、人事評価のフィードバックをすんなり受け止めようとしない。自分はがんばったから何か間違っているはずだ、まわりが認めてくれないんだ、そう悔しがって恨み言をいう。さらには裏切られたと言い出す人までいる。

さて、突然だが鏡の前に立ってもらいたい。あなたの顔が見えるだろう。では今度は、鏡にぐっと顔を近づけてほしい。どうだろうか？　そう、自分の姿を見るためには鏡から少し離れて立たなければならない。同じく、自分をしっかり見つめるためには自分と距離を置く必要がある。客観的に自分を見つめようという意味だ。

他人は「私」にそこまで寛容ではない。他人がするように、自分を冷静に見つめて初めて、いまの自分がはっきりと見える。この世のあらゆる問題解決は、状況をきちんと把握するところから始まる。体調が優れないときに病院でさまざまな検査をするのも、患者の状態を正確に診断するためだ。しっかりした診断が下らないと、手術をするのか、薬物治療をするのかが判断できない。

パーソナルブランディングも同様だ。客観的かつ冷静に自分を認識すれば、自分がどんなブランドになるのか、そのためにはどんな努力や準備が必要なのかがわかる。

私がブランドだったら、顧客は私を選ぶだろうか？

私たちは1日のなかでしばしば消費者になる。たとえば私は今日、カフェでコーヒーを買い、コンビニでウェットティッシュを買い、マーケットカーリー［おもに生鮮食品を扱うECサイト。前日の夜までに注文すると翌朝自宅まで届けてくれる］でチーズや豆腐、サーモンなどの食材を購入した。マーケットカーリーは過剰包装で有名で、私はそれに負担を感じているにもかかわらず利用を続けている。また最近は、商標を大きく掲げない「ノーブランド」を積極的に押し出す商品やサービスが増えている。しかし、よく考えてみるとこれもコンセプトを変えたブランドである。

あなたが買い物をするとき、どんな基準でブランドを選ぶだろうか？　あなたが特定のブランドの商品を愛用したり、頻繁に購入したりするのには理由があるはずだ。価格が安いとか、使いやすいとか、デザインが好きだとか、憧れのブランドだとか。

さて、今度は少し方向性を変えて「私がブランドだったら、顧客は私を選ぶだろうか？」と自分に訊いてみよう。商品やサービスを購入するかどうか、さまざまな条件をチェックする顧客の立場で自分を点検してみるのだ。顧客がブランドを選ぶ理由は、そのブランドが提供する価値にある。あなたというブランドは、いったいどんな価値を提供するのだろう？

広告業界にいたころ、私は〈ルベージュ〉というブランドの服を愛用していた。40代以上の女性をターゲットにし、2009年にローンチした国内ファッションブランドだ。このブランドの存在を知ったとき、私は心から嬉しかった。当時、中年女性向けの服といえば花柄、ボーダー、水玉模様のものばかりだった。私は決して痩せ型ではなかったけれどゆったりしたデザインの服が多かったので、やけに野暮ったく見えた。どんな服を買っても満足できなかった。

クライアント企業のお偉方に会ったり、プレゼンをしたりと、大勢の前に立つことが増えていた私にとって、そのブランドは救世主のような存在だった。堅苦しくないのにビジネスシーンで着ることもでき、色合いが落ち着いていたのもよかった。値は張ったけれど数十年経ったいまでも着られるので、お得な買い物をした。このブランドは私に確かな価値を提供してくれた。

仕事で新しいプロジェクトを引き受けたら、まず自分にこう問いかけた。この世にはすでにたくさんの製品やブランドがあるのに、顧客はなぜ私たちの商品を選ばなければならないのか？　競合商品やブランドではない、私たちの商品を選ぶべき理由はなんだろう？　熟考のすえに答えが出たら、それをキャンペーンの主軸にした。

自分をブランドとして見つめることも同じだ。仕事をがんばって成果を出し、長く続けたい人は自問自答してみよう。「上司や同僚、先輩、後輩、そして顧客は、大事な仕事を私に任せてくれるだろうか？」「私が一緒にいれば、いい結果が出るはずだと期待してくれるだろうか？」

それから、自分を選ぶべきだと思う理由を書き出してみよう。その理由こそ、あなたが一つのブランドとして顧客に提供する価値になるだろう。価値がはっきりしていて競争力が十分なら、その道で成長しつづければいい。でも、もし自分には確かな価値がないと感じるなら、いまからつくっていけばいいのだ。

頑丈なブランドは、頑丈な実体の上につくられる

ブランディングとは、認識をつくる作業だ。いや、これには核心が欠けている。ブランディングとは、「実体をもとに」認識をつくりあげる作業だ。実体がもろいイメージは、一部の人から少しのあいだ支持してもらうことはあっても、長続きはしない。実際に商品を使ってみて、満足できなければ二度と購入しないのがいい例だ。自分自身を魅力的なブランドにするには、実体に関心を寄せなければならない。この実体は顧客にとっての価値、つまり顧客がそのブランドを継続して選ぶ理由として表れる。

自分から見た「私」と他人から見た「私」に隔たりがあるとき、がんばっているのに成果が出ずに認めてもらえないとき、腹が立つのは人の常だ。でも、怒るのは少しのあいだだけにしよう。そして、自分を認めてくれない薄情な人の顔は忘れて、「私が顧客なら、私というブランドを選ぶ

だろうか？」という問いと向き合おう。

　自分に問いを投げかけると答えを探そうと努力する。それこそが、自分をブランド化する意義だ。自分にはどんな価値があり、どんな価値を生み出して提供するのか。問いに問いを重ねて、よりよいものをつくるために努力するようになるのである。そういう努力は長期的な成長をもたらすので、誰かを恨んで腹を立てるよりもよっぽど役に立つのではないだろうか？

うまくやれば長続きし、長く続ければうまくいく

ブランディングに関する数ある定義のうち、私は「ブランディングとは、時間とともに価値を蓄積する作業」という定義が好きだ。

棒グラフを思い浮かべてほしい。横軸を時間、縦軸を価値としたとき、右肩上がりのグラフを描くようにするのがブランディングの作業だ。すぐに実を結ぶのは難しく、短期的に見ると結果が出ないかもしれないが、少しずつ価値を蓄積し、最終的に大きな価値をつくりあげるのがブランディングなのである。つまりブランディングは、蓄積の力を前提としている。

だからどんな仕事であろうと、お金を稼ぐために1~2年がむしゃらに働いて辞めようという人は、ブランディングに興味をもつ必要がない。ブランドをつくり、認められるのは長期的な作業だからだ。

自分を一つのブランドに仕立てることは、時代的な変化を鑑みても悪くない戦略になるだろう。いわゆる「人生100年時代」は、私たちがどの時代より長生きし、それだけ働く時間が長くなっ

たことを示唆しているのだから。

パワーブランドになりたかった

あなたは、カフェと聞いて真っ先にどのブランドを思い浮かべるだろう？　スターバックスではないだろうか？　では、スポーツブランドは？　ナイキの可能性が高いだろう。

いま、あなたが思い浮かべた代表的なブランドは「パワーブランド」に該当する。つまり、ある分野の強力なブランドとして顧客が求め、愛し、価値を認めるブランド。パワーブランドには「第一想起率が1位」という共通点がある。第一想起率というのは、顧客が真っ先に思い浮かべるブランドの比重だ。

広告業界で働きはじめて10年を過ぎたころ、私は自分こそが一つのブランドだと自覚し、広告業界のパワーブランドになるために努力した。人々が「コピーライター」と聞いて真っ先に私の名前を思い浮かべるような、そんなブランドになりたかった。当然、いいコピーを書き、いいアイデアを出し、いい広告をつくり続けてようやく到達できる目標だった。

私はその目標を達成できただろうか？　結果に関係なく、そのような考え方や目標が私を支えたのは明らかだ。何をして、何をしないのか、あるいは何を優先すべきかの基準がはっきりした。

パワーブランドになるという決心は、私の北極星になった。昔の人は、北極星を頼りに航海に出たという。とくに日が暮れた漆黒の夜、北極星は羅針盤のような役割を果たした。私も疲れたり、スランプに陥ったりしてすべてを投げ出したくなったときや、道を見失ったとき、目標という名の北極星を見つめながら進むべき道を探した。

人生100年時代、働く期間が長くなると考えるだけで心が落ち着かない人もいるかもしれない。でも、長いあいだ働くことについて別の面も考慮する必要がある。つまり、働く時間が増える現実に備えなくてはならないのだ。

いままであらゆる経験をし、さまざまな人を見てきた私は次のように結論づけた。うまくやれば長く続けられる！　環境や条件の変化によって働く期間は長くなるが、誰もが長く働けるわけではない。仕事とはすなわち機会だ。その仕事で使われるだけの理由が自分にあるとき、機会を手に入れられるのだ。

長いあいだ現役で活躍した人々

野球好きの読者のために、一つクイズを出そうと思う。イ・ジョンボム、ヤン・ジュニョク、イ・スンヨプ。三人の野球選手が持つ二つの共通点はなんだろう？　まず、「韓国のプロ野球界をけん引したスター選手」であるという点だ。

もう一つはなんだろうか。それは「長年、現役で活躍した選手」という点だ。イ・ジョンボム選手は1993年から2012年まで、ヤン・ジュニョク選手は1993年から2010年まで、イ・スンヨプ選手は1995年から2017年まで、所属チームのエースとして選手生活を続けた。

日々、真剣勝負が行われる戦場で、成績が振るわずチームの役に立たなかったとしたら、これほど長いあいだ選手生活を続けられただろうか？　また、彼らは常に順風満帆だっただろうか？　そうではない。どの選手もスランプに見舞われ、苦戦する時期があった。

一つ例を挙げよう。韓国の野球代表チームは、2008年の北京オリンピックで金メダルを獲得した。しかし、イ・スンヨプ選手は予選7試合での打率が1割台と不振にあえぐ。続く日本との準決勝戦でも、相次ぐゲッツーと三振によって役目を果たせないでいた。テレビで試合を見ていた国民の多くが、歯がゆい思いをしていた。

そうして迎えた8回裏。両チームのスコアは2対2の同点。ここでイ・スンヨプ選手の打順が回ってきた。そして彼はやってのけた。スタンドの壁を大きく越える2ランホームランを放ったのだ。チームを決勝戦に導く、決定的なホームラン。イ・スンヨプ選手はキューバとの決勝戦でも2ランホームランを決め、3対2での勝利に貢献した。

その後、イ・スンヨプ選手は次のように述べている。

打席のほうに歩いているとき、観客席から「イ・スンヨプを外せ」という声が聞こえてきました。(中略)でもホームランを打ってから、あらゆる苦痛と不安が洗い流したように消えました。あのホームランは、僕がその後も野球人生を続ける原動力になりました。(中略)「イ・スンヨプを外せ」という言葉に対して、うらみを晴らしたとも言えますね。実際、その言葉を聞いたとき、心のなかでは「その言葉、後悔させてやる」と思ってましたから。

――『中央日報』「『イ・スンヨプを外せ』……いまだに忘れられない一言」より

このように、スタープレイヤーだからといって常に順風満帆なわけではない。スポーツ選手に限らず各分野を代表する人たちも同じだろう。大切なのは、彼らがさまざまな困難のなかでも自分の仕事を「長く続けた」こと。その結果、誰もが目を見張るすばらしいパフォーマンスを出したのだ。

野球の話をしたついでに、本を紹介しようと思う。野球ファンで心理学者のキム・スアン教授が書いた『レジェンドはスランプからつくられる(레전드는 슬럼프로 만들어진다)』だ。「レジェンドはどうやって逆境を克服するのか」という副題が付いているように、韓国プロ野球界のレジェン

ドたちが、どのようにして一流の選手になったのかに迫る。

働く人、とくにいまの仕事で輝き、長く続けたいと思っている人なら、野球好きでなくても一読する価値がある。韓国球界のレジェンドである「ハルク」こと、イ・マンス選手は次のような推薦文を書いている。

> 人々はレジェンドたちのことを「一流の選手」として記憶にとどめるが、私は「死力を尽くして健闘した選手」として記憶にとどめてほしいと願ってきた。レジェンドは生まれるものではなく、つくられるものだ。スランプのなかで、じつに凄絶に、そしてたゆまずつくられるのだ。

自分だけの北極星を心のなかに

仕事を長く続けるときに避けられないのが、スランプや壁だ。それらを乗り越えるためにはどうすればいいだろう？　別の道を探すべきだろうか？　また、将来役に立ちそうだがすぐには日の目を見ない仕事がある。ほとんどの人は、そのような仕事から背を向け、諦めてしまう。

ところが、自分自身をブランドとして認識する人は果敢にチャレンジする。なぜなら、彼らは長い目で見たときに自分の価値を高めるかどうかを基準にし、行動するからだ。私自身、難しいプロジェクトにも臆せず挑戦できたのは、成功しようと失敗しようと、それが自分の学びや成長につながると信じていたからだ。

長期戦には自分だけの北極星が欠かせない。自分をブランドとして見つめる目をもつのは、道に迷ったときに進むべき道を示してくれる北極星をもつことだ。あなたも自分だけの北極星を心に灯そう。

平均は安全ではない

ブランドというのは本来、特定の生産者や販売者の製品やサービスを区別するのに使われる名称だ。所有主を区別するために家畜に焼き印をつけたことが始まりだという。そもそもブランドの本質は、「区別すること」にある。

ところが、いまやたくさんの製品やブランドがあふれているので、顧客がそれぞれの違いを区別できないこともある。数多のブランドが消費者に認識してもらえずに消えていく。日々、多くのブランドが誕生する一方で、同じくらい多くのブランドが市場から追いやられている。それは競争相手に押し出された結果だが、そもそも顧客から選ばれるほどの十分な価値がなかったとも言えるだろう。

たとえ市場に残っていても、存在感が十分ではないブランドはたやすく代替される。ブランドAとBのあいだに大差がないとき、顧客は悩むことなく購入を決める。AがあればAを買い、AがなければBを買うという具合に。あるいは、セールでBのほうが安くなっていればBを買うだろう。他者と区別するためにつくられたブランドが、コモディティ（commodity）に転落する場合だ。コモディティとは、顧客を引き止める付加価値が落ち、別の商品に代替されるブランドを指す。

働く人がコモディティ化するということ

少し乱暴な言い方だが、ブランディングのおもな目標はそのブランドがコモディティ化しないようにすることだ。だからブランディングの専門家たちは、そのブランドならではの価値を生み出して提供し、競合ブランドとの違いをはっきりさせることに尽力する。そうでなければ、すぐ価格競争にさらされ代替されてしまうから。

ほかと区分され、唯一無二の価値を提供するブランドは、価格競争から脱却できる。たとえば、私にはお気に入りのスニーカーブランドがある。オニツカタイガーというブランドで、第一企画にいたころ、クライアントの商品として出合ってから履きつづけている。ほどよいクッション性と履き心地のよさ、派手でもなく地味でもないデザインが、私の好みにぴったりだ。ほかのブランドに比べると少し値が張るが、スニーカーにうるさい私はそのブランドの製品を選ぶ。今後しばらくはほかのブランドの靴を履くつもりはない。少なくとも私にとっては、たやすく代替できないブランドなのである。

ハイブランドも同じだ。品質、訴求力、コンセプト、どれをとってもほかのブランドに置き換えられない価値をもっている。そのため顧客は、高いお金を払ってまでそのブランドに固執する。

コモディティは、ブランドの世界だけではなく働く私たちにも起こりうる問題だ。自分だけのはっきりした価値がなければ、商品だろうと人だろうと、コモディティ化してしまう。働く人がコモディティ化すると、パフォーマンス面で他人と区別がつかないため、年俸の低い人に置き換えられる可能性が高まる。「この仕事をどうしても任せなければならない」または「うちの会社にどうしても必要な」人材ではないという意味でもある。恐ろしい話だ。

のちに第4章で詳しく話すが、ここには時間という不確定要素も加わる。私の経験上、入社3年目から5年目までは年次とパフォーマンスが比例する。新入社員よりは主任のほうが仕事ができ、主任よりは課長のほうがいい成果を出す。ところが5年目以降は、必ずしも年次とパフォーマンスが比例するとは限らない。部長よりもマシな課長、課長よりも仕事ができる主任が出てくるようになる。

年次に見合ったパフォーマンスが出せなくても、給料はたいてい部長が課長よりも、課長が主任よりも高い。その場合、経営者はどう思うだろう？　彼らもコスパを考慮するのではないだろうか。

このあたりで、自分に訊いてみよう。ひょっとして私はコモディティなのか？　たやすく代替できない自分だけの価値を提供しているだろうか？　もし確信がもてないなら、真剣に悩んで答えを探そう。他者とはっきり区分でき、長く求められるブランドになるために。

「中くらいでいいだろう」

自分をブランドとして見つめるときに邪魔になるものがある。それは「中くらい」や「平均」に内在する認識だ。

韓国には昔から「中くらいでいいだろう」と考える人が多い。何かを買うときや、飲食店でメニューを選ぶときも中間の価格帯を選ぶ。中間は目立たないから安心だと考えているのだ。似たような概念に「平均」がある。中くらいを安易に考える人は、「平均はやっておこう」と考えがちだ。

しかし、中くらいや平均は危険だ。急激に発達したＡＩ時代。ＡＩがまず代替するのは平均だ。正規分布のグラフを例に挙げよう。正規分布では、中央の平均値から離れていればいるほど珍しい性質であることを表すため、ＡＩによって自動化されるまでに時間がかかる。しかし、曲線の真ん中、つまり平均的な存在は真っ先に自動化される。平均は決して安全ではない。

ＡＩの話が出たので、ＣｈａｔＧＰＴに触れないわけにはいかないだろう。ＯｐｅｎＡＩでＣｈａｔＧＰＴの開発を主導したのは、最高技術責任者（ＣＴＯ）のミラ・ムラティ。アルバニア生まれの天才エンジニアだ。彼女は特定の仕事にたけたＡＩではなく、あらゆる仕事をやってのけるＡＩ、いわゆる「汎用人工知能（ＡＧＩ）」のビジョンを示す。つまり、グーグルのアルファ碁のように囲碁に特化したＡＩや、音声認識と文字起こしに特化したネイバーのCLOVA Noteとは異なる、人間の仕事をそつなく引き受けるレベルを目指しているという。

彼女の話を聞いていると、ある重要な疑問が浮かぶ。自分の仕事がいつかＡＩで処理できるようになったらどうしよう？　何をもって自分らしくいればいいのだろうか？

コモディティの話に戻ろう。私がコモディティに言及したのは、たやすく代替されづらい自分だけの価値をもつべきだと伝えるためだ。ＣｈａｔＧＰＴをはじめとし、着々と日常に浸透するＡＩを見ているとますますその思いが強くなる。もし唯一無二の何かがなくて悩んでいるなら、できるだけ早く見つけよう。

「キャラではなく、素の自分で勝負を」

〈チェ・イナ本屋〉ではさまざまなイベントを実施している。なかでも最も多いのが著者によるトークイベントで、2店舗合わせて毎月平均10回ほど企画する。コロナ禍でもできるだけイベントを行った。とくに記憶に残っているのは、『だからブランディングが必要なんです（그래서 브랜딩이 필요합니다）』の著者、チョン・ウソン氏を招いた回だ。

少し話が逸れるが、じつはブランディングやクリエイティブ界隈には、実力以上に評価されている人が多い。この業界はB2Bが基本でチームプレーが多いので、有名なキャンペーンや成功事例で誰が中心的な役割を果たしたのか、一般の人にはわからない。ちょっと手伝っただけの人が実績以上の名声を得ることもある。

またこの業界で求められるのは、理論ではなく実際のアイデアや成果だ。だからもし本を書くとしたら、当然、自分の経験をもとにするべきだろう。ところが巷には、自分が成し遂げた仕事に関する話ではなく、業界の成功例を編集、引用しただけの本があふれている。それらの本を買うときは、著者の経験をもとにした本かどうかをしっかり確かめるといいだろう。

見聞きしたことではなく

トークイベントの話に戻ろう。多くの人がブランディングに関する本を出しているなか、チョン・ウソン氏を招いたのもそれが理由だった。

彼は〈サムスン電子〉〈ネイバー〉〈29CM〉でマーケティングディレクターとして働いた。彼の著書にはあちこちで見聞きした内容ではなく、彼自身の挑戦や経験、考えが余すことなく書かれている。決して分厚くはないが、ブランディングの核心が詰まった1冊だ。

著者のトークのあとは質疑応答の時間だ。私はトークイベントの「ミソ」は質疑応答だと考えている。なぜなら、自分の質問に対してオーダーメイドの服のように世界で一つだけの答えを聞けるからだ。

その日もさまざまな質問が飛び出した。ある人がパーソナルブランディングについて尋ねると、チョン・ウソン氏は次のように答えた。「最近は素の自分を隠してキャラを演じる人が増えていますが、パーソナルブランディングは、絶対的に素の自分を中心にすべきです」

私も同じ意見だ。働く人がパーソナルブランディングするときは当然、仕事で勝負しなければならない。ブランディングの目標はたんなる娯楽ではない。自分の領域で立場を強固にし、お金を稼ぎ、チャンスを得るためには、素の自分で戦う必要がある。文章を書く人は文章で、マーケターはマーケティングで勝負するのだ。

もちろん、趣味の世界でパーソナルブランディングをする人もいるかもしれない。でも、もしうまくいって成功すれば趣味が仕事になる可能性もあるし、そうすれば素の自分が求められる。

「自分らしく生きる」という言葉の前に入れるべき単語

現代を象徴するたくさんの言葉のなかでも外せないのが、「個人の時代」というフレーズだ。各人がそれぞれ異なる顔をしているように、みなが自分の価値観に従って自分らしく生きようとしている。

言葉に敏感な私は、世間で使われている言葉から時代の欲求や苦悩を読みとるのだが、数年前から「自尊感情」という言葉をよく聞くようになった。ユン・ホンギュンの『どうかご自愛ください 精神科医が教える「自尊感情」回復レッスン』（ダイヤモンド社、2021年）がベストセラーになったのがその証拠だろう。自分を尊重しようというメッセージに多くの人が共感した。100万部以上を売り上げたキム・スヒョンの『私は私のままで生きることにした』（ワニブックス、2019年）も、そのようなトレンドをよく反映している。お金が多かろうと少なかろうと、能力の優劣がどうであろうと、自分を肯定し、自分のやり方で、つまり自分らしく生きていこうという考えに私も大きなエールを送る。

低成長時代に入って久しく、努力しても機会が得られず、すでに拒絶と失敗の経験が蓄積しているからだろうか。自分らしく生きようというメッセージがあふれる一方で、「がんばろう」とか「やる気を出そう」という話はあまり聞こえてこない。昔とは違い、会社員は昇進に消極的で、いかに細く長く働くかを重視するという。私もその考えにある程度は同意する。目に見える成果や社会的な地位の有無にかかわらず、自分を肯定できなくてはならないからだ。

しかし、私たちはいま仕事について話している。少なくとも、この本を読んでいる読者は仕事をがんばりたいと思っていて、人生における仕事の重要度が高いはずだ。それなら自分を大事にするために仕事は欠かせないし、手を抜いたり、最善を尽くさなかったりしたら、自分を肯定し、胸を張ることはできないだろう。

引き受けた仕事は大小にかかわらず間違いなくやり遂げること。一人では仕事が回らない世界で「あの人とやればうまくいく」という信頼を得ること。「この仕事にはどうしてもあなたが必要だ」と求められること。一緒に働く人たちから信頼されていると実感すること。素の自分としてのブランディングは、これらを前提にすべきではないだろうか？

間違っても「他人の評価に縛られている」と、たやすく決めつけないでほしい。誰かに指摘されたり、非難されたりしなくても、最善を尽くさずに、あるいはまともに働かずに自尊感情をもつのは難しいと思う。

仕事に対する努力とわずかな成果を起点として、個人が少しずつ意味のあるブランドになっていく。ブランディングとはある意味、自分を大事にし、他人から大事にされることだ。職場で尊重され、認められるブランドになるには、仕事をがんばるしかない。素の自分で最善を尽くしてみてはどうだろう?

アンテナを内側に向けよう

毎年、年末になると翌年のトレンドを予測した本が次々に出版される。なかでも有名なのがソウル大学キム・ナンド教授の『トレンドコリア（트렌드 코리아）』シリーズだ。先行きに不安を感じている個人や、ビジネスプランを立てたい企業がこぞって手に取る。しかし忘れてはならないのが、私たちは他人の真似をするためではなく、未来に備え計画を立てるためにトレンドを知るべきだということだ。

『トレンドコリア２０２３』から、２０２３年のトレンドの一つとして注目されている「平均の失踪（Redistribution of the Average）」を取り上げよう。これは、それまで平均と言われていた無難な商品、ふつうの意見、一般的な基準が揺らぎ、独特な商品が選ばれるという考え方だ。多様性の価値が認められるようになり、平均が意味をもたなくなっているという。私も先ほど、「平均は危険だ」という話をした。

企業で働く人たちは、翌年のビジネス戦略にそのようなトレンドを反映しようとするだろう。

上司がトレンドを積極的に活用するように勧めてくるかもしれない。もちろん個人も、社会がどこへ向かい、人々が何を求め、これから何が流行るのかを絶えずうかがっている。

「ひそひそ」スタイルの始まり

問題は、それぞれの気質や好み、実力は後回しにしたままトレンドに無条件に合わせようとすることだ。アンテナを外に向けてばかりで自分をうかがわず、トレンドだけを追いかける。それでは、自分らしく生きるという決心から遠ざかってしまう。

外の世界で何が起きているのかを知るのと同じくらい、自分のなかで何が起きていて、自分は何を求めているのかを知るのは重要なことだ。そうすれば自分らしいやり方で備え、計画を立てられる。自分のことを知らずに無関心なままでいると、苦手なことでもひたすら他人の真似をするようになる。

でも、得意でないことに興味をもつのは難しいし、興味をもたなければいい結果は出せない。これに関連して、私が大学生のときに経験した話を紹介しよう。

某大学から、私が通っていた大学の政治外交学科宛てに、学園祭で行われる模擬国会のお知らせが送られてきた。各大学から一人ずつ、国会議員役を出してくれという依頼だった。政治外交学科の学生が各大学を代表し、国会議員になって政府への質問を議論するプログラム。うちの科からは、私が参加することになった。

本番に向けて何度かリハーサルを行ったのだが、私はほかの学生のリハーサルを見て衝撃を受けた。そろいもそろって大きな声で演説をし、机を叩くなど、ジェスチャーも大きかった。ときは1980年代だったから当然だろう。一方、私は声が小さいうえにショーマンシップなど持ち合わせていなかったので、まったく相手にならなかった。

頭を抱えた私は、現状を知れば何か解決策が見つかるような気がして自分のリハーサルを録音した。家に帰って録音を聞いてみると、実にひどかった。声の小ささはさておき、内容がまとまっていないので共感しづらく、発音は不正確でイントネーションやアクセントも不自然だった。伝達力に欠けていた。声の小ささやジェスチャーの問題ではなかったのだ。

私は一からやり直すことにした。聞き手が理解し、共感できるように構成を変え、何度も練習した。もちろん、そのたびに録音し問題点を改善していった。

それでどうなったかって？「うまく」できた。声は大きくなかったけれど、聴衆が興味をもつような内容を簡潔に話し、聴衆も私の話に耳を傾けてくれた。拍手も大きかったと思う。その名も、「ひそひそ」スタイルの始まりだ。この静かでゆったりとした話し方は、第一企画でプレゼンをするときの私のスタイルになった。

私が手にしているものを欲しがらせる方法もある

もし私がほかの学生のように、つまり演説は雄弁するものだという世間のやり方どおりに青筋を立てて大声で演説していたら、非難の声を浴びてくじけていただろう。でも私は、自分にぴったりのやり方を見つけたのである。

まず現状をきちんと把握してから、他人の真似をしても勝算がないこと、そもそも真似したくないことを確認した。そして自分の長所や個性、得意なことを考え、自分を掘り下げた。

すると見えてきた。私は問題の核心をキャッチでき、それらを文章にして伝えることができること。聞き心地のいい声をしていて、伝達力に優れ、まるで語りかけるように聞こえること。そして、自分の得意なやり方でやってみせるという意思と勇気をもっていること。少し生意気な性格も、臆せず模擬国会をやり遂げる要因になった。

模擬国会を通じて、私は大切なことに気づいた。無条件にまわりに合わせる必要はない。自分の得意な方法でやってもいいんだ。むしろそのほうが世間に通用する。そのためには自分が何をもっていて、どんな人間なのかを深くうかがうべきだ。つまりアンテナを外側ではなく内側に向け、自分が手にしているものを把握する必要がある。無条件に世界に合わせなくても、私が手にしているものを世界に欲しがらせる方法はある。いや、それでこそ私を選んでもらえるんだ！

その後、私は次のようなキャッチフレーズを書いた。「無条件に世界に合わせることなく、私が手にしているものを世界に欲しがらせなさい！」。22歳で模擬国会を経験し、第一企画に入社してコピーライターやクリエイティブディレクターとして働くあいだも、私はそのキャッチコピーを反芻し、しきりに自分をうかがい、戦略を立てた。

たとえば、私は「彼女はプロだ。プロは美しい」「あなたの能力を見せてください」「お肌の必需品、〈シンムルナラ〉」「20代よ永遠なれ、〈エンプラニ〉」「運転はする、でも車のことはわからない」などのコピーを書き、アイデアを出して広告をつくった。

自分で見ても斬新とは言いにくいが、共感しやすく、説得力あるキャンペーンを展開できたと思っている。実際に市場でウケたコピーであり、アイデアだ。華やかさに欠け、目立つこともないけれど、的確なコンセプトで企業やブランドが直面する問題を解決するのが私の強みだった。私に回ってくるのは、斬新さが求められるプロジェクトよりも、問題点や方向性の見きわめが難しく、ソリューションの必要なプロジェクトだった。

私は業界ではコンセプチュアリスト（conceptualist）として知られていたのだが、それはまさに私の目指すところだった。私は正確なコンセプトで問題を解決するコピーライターとしての地位を確立し、そういう仕事に恵まれた。まわりから認められる自分なりのブランドコンセプトができあがったのである。そのきっかけは、自分のなかにあるものをじっくり観察し、得意なものを見つけたことだった。そうして私が手にしているものをまわりの人に、世界に欲しがらせたのだ。

時間に左右されない
自分の世界をもっているか

私は世界のさまざまな概念について自分なりの定義を下すのが好きだ。いつかそれをテーマにした本を書きたいと思っている。私は考え方や視線、姿勢を大事にしているので、自分なりに定義した概念はすなわち、私がどう世界を見つめているかを表す。

私が思うブランドコンセプトとは、「自分の長所であり、他人と区分される唯一無二の価値であり、どんな仕事をやるべきか、いつやるべきか迷ったときに振り返る指針」だ。

このように定義したのは、ブランドコンセプトを実際に役立ててほしいと思ったからだ。私たちの頭は四六時中、悩みでいっぱいだ。やるべきかどうか、続けるべきかどうか。何が自分のためになり、何が自分に向いているのか。悩んだときに指針になるのが「コンセプト」だ。

コンセプトが明確でなければならない理由

はっきりとしたコンセプトをもつ人は、自分の強みを活かすチャンスをよりたくさん手に入れられる。チャンスが多ければ多いほど、強みを維持し、高められる。コンセプチュアリストの私のもとに、そのスキルが要求されるプロジェクトが優先的に回ってきたのがいい例だ。

とはいえ、SNSにおけるアルゴリズムのように同じような仕事ばかりを続ける必要はない。いまもっている強みを足がかりにして拡張したり、変化を起こしたりもできる。大事なのは、自分には唯一無二のコンセプトがあるのか、周囲もそれを認めているのか、コンセプトを実際に提供し、パフォーマンスとして具現化できるのかどうかだ。

ここで少し頭を休めるために、違う話をしようと思う。コンセプトの見つめ方の一例を紹介する。

韓国には演技のうまい俳優が大勢いる。女性でいえばキム・ヘジャ、ユン・ヨジョン、キム・ヒエ、キム・ヘス、チョン・ドヨン、ソン・ヘギョ、ソン・イェジン、コン・ヒョジン、イ・ジョンウン、ヨム・ヘラン、キム・ゴウン、キム・テリ……。男性はどうだろう？　チェ・ミンシク、ソン・ガンホ、ハン・ソッキュ、ソル・ギョング、イ・ビョンホン、イ・ソンミン、チョ・

スンウ、ヒョンビン、ファン・ジョンミン、チョ・ジョンソク、ソン・ジュンギ、パク・ソジュン、ユ・ヨンソク、イ・ドヒョン……。優れた演技をする俳優が日々、登場している。

ところで、もしドラマ『太陽の末裔』の主人公をソン・ジュンギではないほかの俳優が演じたらどうなっていただろう？　それから『秘密の森〜深い闇の向こうに〜』の検事、ファン・シモク役をチョ・スンウ以外の俳優が演じていたら？　『ミスター・サンシャイン』のチェ・ユジン役やコ・エシン役はどうだろうか。

まったく違うドラマ、あるいはいまより見劣りするドラマになったかもしれない。それほどキャスティングされた俳優たちは、キャラクターに憑依して最高の演技をした。誰の演技がよりうまいかどうかではなく、それぞれの俳優がもつ強みとキャラクターがすべて違うという意味だ。それが彼らのコンセプトといえるだろう。

そのような観点でドラマや映画を観てみると、コンセプトの意味がより身近に感じられるだろう。不思議なことに、数人の後輩にこの話をして好きな俳優を選んでもらったところ、みなそろって自分に似たキャラクターの俳優を選んだ。人は自分に似た存在に惹かれるという話は本当のようだ。

私は広告業界のパワーブランド、俳優でいえばキム・ヘジャ氏のような存在になりたかった。ドラマ『田園日記』をはじめ、『母さんに角が生えた』『まぶしくて－私たちの輝く時間－』、最近話題になった『私たちのブルース』まで、各キャラクターを完璧に演じる韓国を代表する俳優だ。私がもし俳優ならこんな俳優になりたいと思うほど、北極星のような存在だった。

しかし、一度うまくやるだけでも大変なのに、結果を出しつづけるのは至難の業だった。「キム・ヘジャ」という山があまりにも高すぎて、諦めようと思ったこともあった。

そんな折、ほかの道はないものかと隣に目をやると、ある人物が目に入った。ユン・ヨジョン氏だった。映画『ミナリ』やドラマ『パチンコ』に出演し、アカデミー賞助演女優賞を受賞した彼女だが、私が彼女に新しい道を見いだしたのはいまから約20年前の話だ。

当時、彼女は決してナンバーワンに選ばれるような俳優ではなかったものの、唯一無二であることは確かだった。年を重ねた女性の多くが母親役を演じているときも、彼女だけは違った。年を取っても洗練されていてクールで、性格のはっきりしたキャラクターを演じ、自分の強みをしかと印象づけた。そういう役割においては、彼女の代わりを務める人がいなかったのである。

私は彼女を見ながら、「そういうことか」と膝を打った。パワーブランドというのは、必ずしも業界一を意味するわけではないことに気づいたのだ。ユン・ヨジョン氏を貶すつもりはない。むしろ自分の世界がはっきりしていて、コンセプトが明確な、誰も代わりを務められない俳優だ。コンセプトとはつまり個性を起点とする。自分は何をもっていて、どんな良さがあるのかをじっくり探らなければならない理由が、おわかりいただけただろうか？

「年を取る」と「老いる」は同義語ではない

しかし、この世の道理について考えるとき考慮しなければならない要素がある。それは時間だ。ミダス・デッケルスの『時間の歯（De Vergankelijkheid）』というタイトルが代弁するように、すべてのものは変化する。

ほかの誰よりも確かなコンセプトをもつ人にも、その強みを享受できなくなるときがやってくる。世間が別のものを要求するからだ。それまでと同じものを差し出しても、以前のようには通用しない。時間の経過とともに私たちも年を取るからだ。知ってのとおり、韓国は年を取ることに寛容ではなく、年を重ねた人をまるで中古品のように扱う。そのため、人は積み重ねた経歴を誇りに思うどころか不安がる。パフォーマンスが年数に比例していないかどうか心配しているというより、老いを前にしておろおろしているのである。

ある日、40代半ばの後輩が私に次のように尋ねた。「いつまで広告の仕事を続けられるでしょうか？」。後輩も、年を取ることに不安を覚えていたのだ。私は「アイデアの卵を生み出せるまで」と答えた。

はたから見ると、年を取ることが問題のように見える。しかし、もとはと言えば価値が下がったことに原因がある。世間の変化に適応できないせいで、かつてのように魅力的なものを生み出せないのだ。それなのに私たちは、老いたせいだと言って恥ずかしがる。年を取ってもいきいきと活躍する人はいる。

私たちが投げかけなければならないのは、「私の差し出す価値がいまも魅力的か?」という問いだ。答えがノーなら、革新しなければならない。企業だけではなく、個人も、生きているあいだ絶えず革新するのだ。そうすれば、年を取ることがただの老いではなく成長に変わるだろう。あなたには自分だけの世界があるだろうか? 私の話は、いつも質問で終わる。

種なくして花は咲かないが、
種を植えたからといって
必ずしも花が咲くわけではない。
種が元気な花を咲かせて
実を結ぶようにするためには、
水をやり、風や日に当て、
ときには肥料をやらなくてはならない。
それが姿勢だ。

第4章

姿勢が競争力だ

ATTITUDE

姿勢《アティチュード》

私たちの才能を開花させる原動力

広告業は才能が要求される分野だ。新入社員のときに先輩から言われたことがある。コピーを書くには瞬発力、才気、センスがなくてはならないと。それを聞いて思わず心が折れた。私が一つももってないものだったし、それらは天性のものだと思っていたからだ。仕事をうまくやりたいのに、それに必要な才能がないような気がしてしばらく苦悶した。

でも、一般的な才能とは違うけれど私にも才能があった。私はほかの人よりすばやく問題の核心に気づき、本質を見抜く目をもっていた。広告の仕事はクライアントが抱える問題の解決策を見つけることなので、私の才能が重要な素質だとわかって少し安堵した。

才能は種にすぎない

さらに時間がたつにつれて、働く人にとって才能と同じくらい重要な、いや、ひょっとするともっと重要なものが目に飛び込んできた。「姿勢」だ。辞書で調べると「姿勢」には次のような意味がある。一つ、からだの向きや、からだの形。二つ、相手に対する出方。三つ、心構え、態度。（『三省堂国語辞典』）私のいう姿勢は、三つ目の心構えや態度のことだ。

自分なりの才能を見つけ、仕事をがんばりたいという気持ちがよりいっそう強くなった私は、ある分野で一流と呼ばれる人は、何をしてそうなれたのかをうかがいはじめた。さらに、同じく新入社員としてスタートしても時間がたつにつれてパフォーマンスに差が出るのはなぜだろう、という疑問が浮かんだ。能力の差だろうか？　もしそうなら、その能力はどこから来るのだろうか。

仮説を立てては捨てるのを繰り返したすえ、次のような答えにたどり着いた。「種なくして花は咲かないが、種を植えたからといって必ずしも花が咲くわけではない。種が元気な花を咲かせて実を結ぶようにするためには、水をやり、風や日に当て、ときには肥料をやらなくてはならない。それが姿勢だ。つまり姿勢は、才能という花が途中で折れたり、枯れたりしないようにしてくれるものだ」。そして、この文章が書けるようになった。姿勢が競争力だ！

2021年、私は人気のトーク番組『ユ・クイズ ON THE BLOCK』に出演した。ご覧になった人はいるだろうか？　私が番組のなかで口にした「姿勢が競争力だ」というフレーズは、多くの人の共感を呼んだ。放映後しばらく、「姿勢が競争力だ」という字幕の入ったキャプチャ画像がＳＮＳで拡散され、番組を見て書店に足を運んでくれる人もいた。姿勢の重要性をあらためて感じた瞬間だった。

ところが、このフレーズには大事な部分が欠けている。フレーズ全体の意味を生かすと、「才能より、スキルより、姿勢が競争力だ！」となる。とくに40歳を越えて人生の半ばにさしかかると、この世に生を受けた瞬間に授けられた才能を活かすための努力が、パフォーマンスにより大きな影響を与えるという結論に至った。たとえば根気、エネルギー、挑戦を恐れない大胆さ、小さなことにやきもきしない度胸のようなものだ。

自分のやりようによって結果を変えられるのだから、これほど幸いなことはない。私はそれらすべてを「姿勢」と呼んでいる。

才能がおのずとスキルになることはない。才能は種であり、潜在状態にすぎないから。種がスキルとして芽を出し、認められるまでにはいくつもの要素が必要だ。

才能を開花させるためには、まず自分にそういう才能があることを自覚しなければならない。自覚と聞いて思い浮かぶのが、ニーチェが提言した「アモール・ファティ」、つまり運命の愛だ。「私は避けられない運命を美しく受け止める方法を習得したい。そうすれば私も世界を美しくする人間になれるだろうから」

ニーチェが語っているのは才能よりよっぽど深くて広いものだが、これを「自分の種に気づき、受け入れ、愛する」という意味で受け取っても差し支えないだろう。

黙々とつくりあげる「存在の独立」

広告マンとしての才能がないのではないかと苦悩していた三十数年前、とある演劇を観た。とくに中年女性から絶大な人気を得た『お母さんは50歳で海を発見した（엄마는 오십에 바다를 발견했다）』という作品で、パク・ジョンジャ氏が主役を務めた。

2時間の公演中、私はずっと彼女だけを見つめていた。舞台に立つ彼女を見ているうち、「彼女は昔から韓国の演劇界を率いる存在として評価されていたけど、彼女の享受する栄誉ははたして才能のおかげだろうか？」という疑問が浮かんだ。同時に、私はある分野で大成することの定義に思い至り、その考えが頭から離れなくなった。

彼女が弱冠20歳でデビューしたとき、まわりには年の近い同期たちがいたことだろう。なかには、彼女より才能あふれる人がいたかもしれない。しかし10年、20年とたつあいだ、多くの人がさまざまな理由により志半ばで演技の道を諦めた。才能のせいにして辞めた人もいれば、ひもじい思いをして別の道に進んだ人もいただろう。

そうして月日は流れ、すべては決定づけられた。一緒にスタートした同期たちが舞台を下りて演劇界を離れるあいだ、パク・ジョンジャ氏は頂点に登りつめた。

彼女がトップ女優としての栄誉と喝采を手に入れられたのは、たんに才能があったからではない。それは数々の苦難を乗り越え、自分の道を歩みつづけた固い意志と心構えの結晶であり、数十年間、黙々と一つの道を極めたことに対する称賛であると気づいたのだ。

「人は40歳になったら、自分の顔に責任を持たねばならない」というのがまさにそうだ。幼いころはどんな両親に育てられたのか、どんな才能を持って生まれたのかが決定的な要素として作用する。しかし、そこまでだ。40歳、50歳になっても「自分には才能が足りないから」とか「両親に恵まれなかったから」と口にする人は、はたしてろくな大人だろうか？

振り返ってみると、40歳とは生を受けたときに決まっているものと決別し、努力と苦労によってそれ以降の人生を積みあげていく年齢だ。言うなれば「存在の独立」をしなくてはならない。

優れた成果を残した人々を見ると、何が今日の彼らをつくったのかを知りたくなる。結論から先に言えば、年を重ねるにつれて才能や努力より、姿勢や意志、心根のようなものがよっぽど重要になる。「愚公移山」という四字熟語があるということは、昔の人はすでにそれらの真理を見破っていたのだろう。

世のためになることをやり遂げる人の多くは、愚直でまっすぐだ。最近、注目を集める韓国の二次電池企業がいい例だ。電気自動車の発達により、二次電池は次世代の技術として脚光を浴びている。いま国際的な競争力を誇る〈LGエナジーソリューション〉は、事業を始めてから20年以上赤字に苦しんだが、2022年、電気自動車バッテリー事業が史上最高の実績を残し、黒字に転換した。半導体もそうだ。1983年、〈サムスン電子〉が半導体事業に参入すると宣言したとき、半導体産業が全盛期だった日本は相手にしなかったという。しかし、いまはどうだろう？

彼らの意志があと少し弱かったら、世論に流されて志を曲げていたら、今日の栄光と奇跡は起こらなかっただろう。

40歳以降に大きな影響を与えるもの

ペンシルベニア大学心理学部のアンジェラ・ダックワース教授の『やり抜く力　GRIT（グリット）――人生のあらゆる成功を決める「究極の能力」を身につける』（ダイヤモンド社、2016年）は、全世界で50万部以上を売り上げている。ベストセラーがすべて良書とは限らないが、その時代の人々が共感する内容や新たな気づきを示しているのは間違いない。

グリットとは諦めずに努力する力、逆境と失敗にくじけない心の筋力を意味するそうだ。これを私なりに言い換えるなら、才能を発揮し開花させる原動力であり、パフォーマンスをかたちにする力であり、挑戦を前にして縮み上がらない心の力だ。

目標や夢が思い描いたとおりにたちまち実現するなら、グリットは必要ないかもしれない。しかし私たちは一生のうち、たくさんの紆余曲折を経て何かを成し遂げ、ほかの何かは成し遂げられるかどうかもわからない。多くの人が途中で諦めてしまうからこそグリットが必要なのだ。働いて生きていく人生が平穏な道なら、私が姿勢に注目することも、ダックワース教授がグリットに注目することもなかっただろう。しかし現実は違った。私について言えば、キャンペーンやプレゼンを一つこなすだけで精一杯で、途中で諦めようと思ったことが何度もある。だから長いあいだパフォーマンスを出しつづけ、自分の分野でしっかりとしたブランドになるということは、紆余曲折を経るという意味だ。世間から挑戦状を叩きつけられ、困難にぶつかったときにどう対処するのか、どういう姿勢で臨むのかによって、それ以降の道がガラッと変わる。

人間は自らの意志で生まれたわけではない。人間が生まれるとは大海原に「投げ出される」ようなものだ。そのため生きるとは、ともすれば世界のできごとに反応することで、私たちに統制できるのはどう反応するかどうかがすべてなのかもしれない。私のいう「姿勢」は、これらの反応の総称だ。不確定要素に自分の力でどう反応するか、つまりどんな姿勢で臨むかが、とくに40歳以降の人生に大きな影響を与えるというのが私の意見だ。

こうして見ると、一般的に思い浮かべるより、姿勢は多くのものを内在している。だからあらためてこの言葉を伝えたい。姿勢が競争力だ！

時間の密度

〈チェ・イナ本屋〉は2023年に開業7周年を迎えた。中小ベンチャー企業部の統計によると、2018年の自営業者の廃業件数は100万件を超える。廃業率は約90パーセント。新型コロナウイルスの影響で、現在の廃業率はさらに悪化したことだろう。

開業5周年のときには、コロナ禍で街の書店を続けてきた自分たちをねぎらおうとパーティーを開くことも考えたけれど、結局は自分たちらしいやり方でお祝いすることに決めた。私たちにいつも深い気づきをくれる方々を招待し、シリーズ講演とトークイベントを開くことにしたのだ。

全3回の講演のうち、第2回は建築家のユ・ヒョンジュン教授を招待した。私たちには特別な縁がある。ブッククラブ［毎月本が送られてくる配本サービス。本を読んだら、課題図書について語り合う場を設ける］の課題図書に彼の著書『どこで暮らすのか（어디서 살 것인가）』と『空間が作った空間（공간이 만든 공간）』を続けて選んだこともあり、彼はそのたびに書店を訪れ、ブッククラブの会員たちの話に耳を傾けてくれた。本業以外にもテレビ出演や執筆、講演をこなす忙しい人だと知っているのでとてもありがたかった。開業5周年記念の

講演も快く引き受けてくれ、熱気あふれるイベントになった。

ユ教授は空間の密度を強調する。都市の密度が高まると商業行為が増え、経済活動が活発になるという。つまり庶民がお金を稼ぐチャンスが増えるという意味で、それはユ教授が新たな高密度都市の開発にこだわる理由でもある。

都市の密度を強調する建築家はほかにもいる。別名「虹餅建築《ムジゲトック》」を主張するファン・ドゥジン氏だ。最近は単独住宅に憧れる人が増えているが、ファン氏はこれに否定的な見解を示す。都心に低層の建物が増えると、近郊に追いやられ、長距離の通勤を余儀なくされる人が増えるからだ。

ソウルにある建物の平均階数はわずか2・5階で密度が低いという。この解決策としてファン氏は、それぞれの階に異なる機能をもつ5階建てのビル、いわゆる虹餅建築を提唱する。1階に商店、その上に住居空間やオフィス、屋上には庭を備えた垂直の街。こうして密度と複雑度の高い建築物を建てれば、都心に居住地が増え、街が息を吹き返すというのだ。

同じ背丈の木でも、丈夫さが違う

少し話を変えてみよう。私は、生まれ変わったら木になりたいと思うほど木が好きだ。土に根を生やして空に向かって枝を伸ばす、まるで魂を高揚させるようなまっすぐな精神性も好きだし、植物の与える透き通ったイメージもいい。それから自分はずっと同じ場所に根を張っているのに、鳥や人、風を寄せつける力も魅力的だ。

そんな私の目には針葉樹も広葉樹も同じように美しく見えるのだが、建築資材や家具をつくるときは選別して使う必要がある。寒い地方で育つ針葉樹は葉が尖っていて成長スピードが速い代わりに、強度や密度が低い。そのため、おもに安い家具の材料として使われる。一方で広葉樹は葉が広く成長が遅い代わりに、強度と密度が高いので、建築資材のなかでも外装材や柱、高級家具に使われることが多い。

なぜ私が木の話題を持ち出したかというと、「密度」について話すためだ。私は建築物や木だけでなく、働く私たちや、仕事のパフォーマンスにも密度があると考えている。同じ背丈の木でも丈夫さによって使い道が異なるように、人も同じだ。私なりに定義するなら、密度とは、時間の過ごし方や時間の痕跡ではないだろうか。

時間の密度は目に見えないが、密度の濃さは過ごし方に比例する。そして、あとからツケが回ってくる。

第一企画にいたころ、ある日、会社から『天才のひらめき：世界で最も創造的な人びとによる13の思考ツール』（早稲田大学出版部、2018年）という本が配られた。レオナルド・ダ・ヴィンチやリチャード・F・ファインマンなど、クリエイティブな13人を分析し、彼らがなぜ秀でた創造性を発揮できたのか、その秘密に迫る1冊だ。広告代理店はアイデアや創造力など、思考の力を重視するので社員の役に立つと思ったのだろう。しかし、400ページ超えの「鈍器本」だったので、ふだんから読書に親しんでいなければ手が伸びない代物だった。

本を受け取った人たちの反応が三者三様でおもしろかった。私には本を読むか、読まないか、途中で挫折するか、という三つの選択肢しかなかったのだが、「要約した本はない？」と訊く人がいたのだ。あなたはどのタイプだろうか。

このエピソードがきっかけで、私は次のようなことを考えた。「自分のやるべきことをやる人と、要約した本を手に入れてあたかも自分の手柄のように見せる人。2種類のタイプの人がいるとしよう。10年後、彼らはどんな姿になっているだろう？　新入社員として同時にスタートしたとしても、パフォーマンスにかなりの差が出るかもしれない。もし、実際にやったかのように見せかけて無難にやり過ごしたとしても、どこかでひずみが出るんじゃないだろうか。そういう評価はかなり時間がたってから表面化するから、誠実に働かない人はのちのち、そのひずみと向き合うことになるだろう。挽回できない状況になってから『確かに10年目だけど、あの人と一緒に仕事をするのはちょっと……』とレッテルを貼られるんじゃないだろうか？」

私が何度も同じような話をするのには理由がある。給料に見合った働きさえすればいいという気持ちでいると、いいパフォーマンスが出せない。ひたすら働き、残業や休日出勤もこなせという意味ではなく、働く時間の密度を高め、最善を尽くすように伝えたいのだ。全身全霊で取り組んでもなかなかいい結果が出ないのに、片手間ではなおさら難しいのだから。

最善を尽くさなければ簡単に崩れてしまう

もちろん意欲の湧かない仕事環境かもしれないし、上司と息が合わず、適当に仕事をこなす同僚の目が気になって、アグレッシブに働けないこともあるだろう。ただし、そのように過ごす時間も私たちの人生だ。密度を高めることは、会社ではなく自分の人生のためになるのである。なんとなく日々をやり過ごしても通帳には1カ月分の給料が振り込まれるが、それで満足していてはもったいない。時間は希少で貴重な資源だから、そう簡単にお金と交換できるものではないのだ。さらに密度の低い時間を送ったあとは、必ずツケが回ってくる。

私は一時期、「鉄の女」と呼ばれていた。体力を言い訳に仕事を諦めたことはなかった。ところが一切運動をしてこなかったせいで、40歳を越えると体が以前のように言うことを聞かなくなった。「われもの注意」のステッカーが貼られているのかと思うほど、少しでも扱いを間違えると壊れてしまいそうだった。そこからさらに数年がたつと、体のあちこちが痛んだ。

どれも慢性的なもので、凄腕と言われる医者を訪ねていっても治らなかった。そんなことを繰り返していたある日、私は悟った。慢性疾患は、私がそうなるように過ごしてきた結果なのだと。昨日の今日で発症したわけではなく、数十年間にわたる不摂生な生活習慣によるものなのだと。だから病気が治るかどうかも、医者の腕より私自身の意識にかかっていた。生活習慣を変えてようやく、少しずつよくなっていく。年を取ってからツケを払うことへの後悔が大きかった。

先ほど、「時間の密度は目には見えないが、密度の濃さは過ごし方に比例する」と述べたのはそういうことだ。酷使した体だけではなく、働く人として最善を尽くさない時間や、仕事にまっすぐ向き合わない時間にもツケは回ってくる。年次とスキルが比例しなかったり、ほかの人と一線を画すスキルがないまま職位だけが上がったりすると、「コモディティ」に転落しかねない。こういう先輩や上司を、後輩が尊敬するはずがない。後輩に無視されるのは悲しいことだ。

重ねて強調するが、仕事は自分のためにするものだ。創業者や自営業者だけではなく、たとえ勤め人でも仕事のオーナーであることを自負し、その姿勢と努力で時間の密度を高めよう。すると自分だけのスキルや財産が積みあがっていくだろう。

生産性を高め、集中力をアップする

人が人生で最も長い時間を費やすのは仕事だ。さらに韓国は、他国に比べて労働時間が長い。2020年、私たちは年間平均で1908時間働いた。OECD加盟国のなかでは、メキシコ（2124時間）とコスタリカ（1913時間）に次いで3番目に長い。ドイツ人の労働時間は年間1332時間。単純計算で、韓国の労働者はOECD平均の1687時間より年間221時間（9・2日）多く、ドイツより576時間（24日）多く働いている。

かといって、たんに「仕事を減らせばいい」という問題でもない。労働生産性はOECDのなかでも下位圏だからだ。2020年の韓国の時間別労働生産性は41・7ドル。1位はアイルランド（111・8ドル）で韓国の約3倍、ルクセンブルク（96・7ドル）、ノルウェー（85・5ドル）、デンマーク（75・4ドル）、アメリカ（74・3ドル）などがそのあとに続く。東ヨーロッパのスロバキア（45・8ドル）、スロベニア（45・7ドル）、チェコ（42・1ドル）なども韓国を上回る。つまり、同じ時間働いても、私たちが生み出す付加価値は高くない。私たちはただ長時間、働いただけなのだ。

｜「どうせ遅くなるし……」

会社員だったころ、今日は残業になりそうだなと思った日はやけに行動が遅くなった。どうせ遅くなるんだからと思うと、いまいち仕事に集中できなかった。

私の場合、上司の目を気にすることはほとんどなかったけれど、社外の制作会社と仕事をする日はどうしても退社が遅くなった。複数人とスケジュールをすり合わせ、仕事が回ってくるまで待つ必要があったからだ。一緒に働くメンバーの事情も同じだったので、ついだらけがちだった。

問題は、そのような習慣は体に染みつくということ。会社に遅くまで残っているものの仕事は進まず、生産性は低い。もちろん、それは個人の責任だけではない。自分の仕事はとうに終わっているのに上司の目が気になって退社できない、間違った指示のせいで生じたやり直し、うわべだけの報告……。常に感じているが、よくない結果の原因をたどると、結局は風通しの悪い組織文化や、いい加減なリーダーシップのせいであることが多い。勤務時間の過ごし方も同じようなものだろう。

ただし仕事に集中しないとはいえ、会社にいるあいだ体と心は緊張状態にある。常時「ON」

の状態だ。だから私は当時、「このままじゃ疲れがとれない。習慣を変えなくちゃ」と考えた。夜型だった私は「集中して仕事を終わらせて、早く退社しよう」と決心したが、それまでのやり方が体に染みついてあまりうまくいかなかった。

会社で過ごす時間も自分の人生

私が思うに、非生産的な働き方は組織の問題だけではなく、組織で働くことに対する個々人の姿勢も影響している。法人カードを使うときのほうが、個人カードを使うときより心理的な負担が少ないのと同じとでも言おうか。

ところが、法人カードと時間のあいだには大きな差がある。法人カードで使ったお金は会社の経費として処理されるが、会社で過ごす時間は自分の時間であり、人生だ。それが会社で過ごす時間を無駄にできない理由だ。

最近になって、仕事の集中力を高めなければならない現実的な理由がもう一つできた。新型コロナウイルス感染症以降、急増した在宅勤務だ。在宅勤務は出勤に要する時間やエネルギーを抑えられるメリットがある一方で、仕事とプライベートの境界があいまいになるデメリットもある。下手をすると一日じゅう仕事をする羽目になるので、さくっと仕事を終わらせて自由時間を確保するために、集中力アップの必要性を痛感した人も多いだろう。

在宅勤務に代わってまたオフィスで働くことになっても、仕事の生産性を高めるべき理由ははっきりしている。会社で働くことはすなわち、そこで働きながら自分の人生を生きることだから。在宅勤務の日に、さっさと仕事を終わらせて自由時間を確保しようと考えるように、会社でも同じ気持ちで働くのだ。「どのみち残業するんだし。私一人、早く終わったからってどうにもならないし」というような考えは、自分にとって損だ。

生産性と聞くと、なんとなく製造業をイメージしてしまう。そのため生産性を高めようと言うと、まるで会社にいいことをしようと言っているかのように聞こえる。しかし個人が会社で働くことの本質に気づけば、生産性を高め、集中力をアップし、成果を出すことが自分にとってプラスであることに同意してもらえるだろう。

会社と個人は、二人三脚をするパートナーのような関係ではないだろうか。「いち、に、いち、に」と呼吸を合わせて同じ方向に進んでようやく勝利を手にできる。だから、ワークライフバランスを実現させるには、生産性を高めようとする個人の努力や革新が不可欠なのである。

私の話に同意しながらも、いまの会社のようすを思い浮かべてモヤモヤする人がいるかもしれない。「私一人がんばってどうするの？　ほかの人はのんびりやってるのに……。与えられた仕事を終えたら、また別の仕事を振り分けられる。そしたら損をするのは私じゃないか」と思うかもしれない。

あなたなら、そういう状況でどんな行動に出るだろう？　自分のためになる方法が目の前にあるのに、他人や組織の目を気にして納得のいかない選択をせざるをえないだろうか？

昔の私は、たとえ自分のためになるとしても、自分の嫌いな人が有利になるような仕事には手を出さなかった。いまではなんてバカなことをしたんだ、と後悔している。あなた自身のためにによりよい道を選んでほしい。自分の時間が充実するかどうかを基準にして選べばいいのだ。

一人の時間を確保する

退社後、文章を書いたり、ユーチューブの動画をつくってアップロードしたり、自分だけのコンテンツをつくりたがる人が年々増えている。まさにコンテンツの時代だ。しかし時間がないことを理由に、はっきりした目標もなく日々が過ぎていくことを惜しがる人も多い。パソコンやスマートフォンがなかったころより生産性はアップしたものの、私たちは相変わらず忙しく、時間に追われるように生きている。

だからだろうか、ふと、私たちに足りないのはお金ではなく時間ではないだろうかという考えが浮かんだ。あなたの考えはどうだろうか?

シンプルライフ、時間を稼ぐための答え

お金がなければ、お金を稼がなければならない。だから時間がなければ、時間も稼いでみては

どうだろう？　もちろん、一日24時間はみなに平等に与えられた時間なのでむやみに稼げるものではないが、まったく方法がないわけでもない。

『英語の本、1冊暗記してみた？（영어책 한 권 외워봤니?）』をはじめとし、次々に著書を出しているテレビプロデューサーのキム・ミンシク氏をトークイベントに招待したときのこと。質疑応答で次のような質問が出た。

「社会人として、子どもをもつ父親として、忙しい日々を送っていると思いますが、どうやって執筆の時間を確保しているんですか？」

キム氏は、夜に予定を入れることはほとんどないと答えた。どうしても参加しなくてはならない会食に参加するだけで、退社したらまっすぐ家に帰って子どもたちと時間を過ごす。二度と戻ってこない貴重な時間だからだそうだ。そして、子どもたちが起きてくるまでの唯一の自由時間を執筆にあてる。家族が寝ている明け方の時間を、自分の時間として確保した。私なりの表現を使えば、そうして明け方の時間を稼いだのである。

韓国を代表する産業デザイナーで、2018年平昌《ピョンチャン》冬季オリンピックのメダルをデザインしたイ・ソグ氏は、日々の生活を「早寝早起きするシンプルな生活」と表現する。デザイナーというと、ほかの人とは異なるライフスタイルから一風変わったインスピレーションを得ているのだろうと思っていたので意外だった。デザインという本質に集中するため、残りの生活は極端にシンプルにするのだそうだ。

同じような人がほかにもいる。「ゴッド（神）ゴニョン」と呼ばれ、マクロ経済をわかりやすく説明するファンダムまで構築した新韓銀行のオ・ゴニョン氏だ。彼は初めから金融の専門家ではなかった。大学では新聞放送学を専攻し、新韓銀行で行員を務めながら、２００４年に独学で金融の勉強を始めた。そして十数年の時を経て、金融専門家になった。

彼は銀行員として働くかたわら数冊の本を出し、毎週欠かさずフェイスブックやオンラインコミュニティに数本のエッセイを投稿する。いったい、どうやって時間を管理しているのだろうか。メディアプラットフォーム『fol:in《フォーリン》』に掲載された彼のインタビューを引用する。

自分の決めたルーティンを守ることを意識しています。朝5時40分ごろに起きたら、まずスマートフォンで簡単にニュースのタイトルをチェックします。出勤は公共交通を利用します。移動しながらニュースを呼んで内容を整理できるので、バスと地下鉄に乗ります。会社の近くに着いたら、カフェでフェイスブックやコミュニティに投稿するエッセイを書きます。最初はエッセイを一本書くのに1〜2時間かかっていましたが、最近は20分で完成します。バスでエッセイのテーマを決め、文章を組み立てておくからです。毎日書いていたら、時間が短くなったのもあります。午前8時10分ごろ、会社の業務を始めます。会社で経済関連の

データを読み、コンテンツづくりをしています。午後6時ごろ退社し、家で夕飯を食べます。8時ごろから、会社から持ち帰った資料を読み込んで勉強し、0時ごろに寝ます。

このパターンを10年間続けています。できるだけ約束も入れません。部署の会食や大事な約束以外は、お酒も飲みません。ルーティンが崩れますから。

――『fol:in』「『マクロ経済人気講師』オ・ゴニョンが教えるルーティンの力」より

彼らに共通しているのは、24時間のなかで何かをコツコツ続けて自分のものにするために、それ以外には目もくれない点だ。やりたいことに時間と努力を注ぎ込まなければならないので、その時間を稼ぐために自分なりのルーティンをつくり、「シンプルライフ」を実践しているのである。

ところがまれに、仕事もできて、プライベートも充実していて、人間関係も良好な「陽キャ」がいる。ドラマ『賢い医師生活』のイクジュンのような人だ。そういう人は現実にもいないことはないだろうが、もしいたとしてもごくわずかな天才にしかできないことだ。ただし私はいま、ふつうの人の時間の過ごし方について話している。

大事なのは時間の質

幸い、最近はワークライフバランスの考え方が根づいたことで定時に退社する人も増え、休日出勤も少なくなったようだ。夕方6時ごろに会社員の多い江南《カンナム》近辺から地下鉄に乗ると、まともに立っているのがやっとなほど混み合っている。以前と比べて退勤時間が早くなったと感じる。

職場で過ごす時間が減ったぶん、自分のために使える時間が増えた。問題は、その時間の過ごし方だ。多くの人がジムに行ったり、オンライン授業を受けたり、瞑想をしたり、本を読んだり、自己成長のために時間を使っているが、よくよく考えてみると無駄にしている時間も少なくない。代表的なのはスマートフォンを見る時間だ。

あなたは、1日にどれくらいスマートフォンを使うだろうか？　2021年、ワイズアプリの調査によると、韓国人のスマートフォンの平均利用時間は、一日あたり3時間だという。成人の男女5267人を対象にしたこの調査では、10人中4人が自分をスマートフォン中毒だと思うと回答した。スマートフォンのない人生は想像もできないけれど、その利用を自制するのが少しずつ難しくなっているのを実感する。

〈マイクロソフト社〉の創業者であるビル・ゲイツは、娘たちが14歳になるまではスマートフォンを与えなかったそうだ。パソコンの使用時間も、一日45分以内と厳しく制限した。また、ウォーレン・バフェットもフィーチャーフォンを使いつづけ、２０２０年にようやくスマートフォンに買い換えたという。彼らはスマートフォンが私たちの時間を奪うこと、正確に言えば私たちの意思に関係なく、アルゴリズムに振り回されることを見抜いていたのだろうか？

私は以前から、韓国の大人たちには一人の時間が必要だと主張してきた。しかし一人の時間をもつのと同じくらい重要なのは、一人でいる時間の質だ。いくら一人の時間が長くても、その時間にＳＮＳをしていては、一人でいるとは言いがたい。オフラインだろうとオンラインだろうと、他人とのつながりを断ってこそ、完全に一人になれるのだ。

とんでもない偉業を成し遂げ、自分の意に従って生きる人は、どうにかして一人の時間を確保する。みなに平等に与えられた24時間のなかで一人きりの時間をつくるためには、たいして重要ではない時間を切り捨てるべきだ。すると重要なものを人生の中心に置くことができ、集中できる。それらの時間が積み重なり、意味ある何かがつくられる。

ワークライフバランスに対する姿勢

日常を見なおすきっかけは、不在や欠乏から得られる。隣にいた人がいなくなるとその人の存在が大きく感じられ、いまいる場所から離れるとその場所の意味がはっきりとする。時間も代表的な例だ。若いときは時間が有り余っているので、時間の欠乏を感じにくい。ところが40歳を越えると話は別だ。年を取るとは時間が減ることだという言葉の意味が身に染みる。とくに近しい人の「死」を経験したとき、時間の重さを実感する。

ともにする時間は多くない

数年前、父が亡くなった。90歳を越えていたから、周囲の人は大往生を遂げた、天寿を全うしたと言ったけれど、親の死はいくつになってもつらいものだ。

父は夏の終わりのある日、ひどい腹痛を訴えて病院に運ばれた。ＣＴを撮ると胆石が見つかった。高齢のため全身麻酔手術に代わってチューブを挿入する手術をした。手術は成功し、2週間ほどして胆石による胆囊炎はすっかり治った。

ところが別の大問題が起きた。食事を飲み込めなくなってしまったのだ。食事はおろか水も飲み込めず、水を口にしただけで咳き込んだ。食べ物が気道に入ると肺炎にかかりやすくなり、それが直接の死因になる場合も多いという。病院側は経管栄養を勧めたが、父は最後の瞬間まで意識がはっきりしていたので、経管栄養を頑なに拒否し、45日間点滴だけを受けた。

高齢であるうえ、気力が弱っていたから冬を越せるかどうか心配していたが、父は翌年の秋まで治療を続けた。しかし、とうとう恐れていた瞬間が訪れる。

私が病室に駆けつけたとき、父は目を閉じていた。というより、目を開ける気力がないようだった。手を握るとすでに冷たく、足先も、脛も冷たかった。でも胸元と首の後ろは温かかった。人の五感のうち、最後まで残るのは聴力だという話を思い出し、私は父の耳元でささやいた。「お父さん、会いにきましたよ。目を開けてください」

私たちの不安そうな声が聞こえたのか、父は目を開けようと力を振り絞ったけれど、まぶたは震えるだけで簡単には開かなかった。なんとかまぶたの3分の1が開いて瞳が見えたけれど、残りのまぶたは開かれないまま、それから数時間後に父は亡くなった。

父の生命の糸は、持病のせいである日突然ぷつりと切れたわけではなかった。少しずつ細くなり、切れてしまった。「息絶える」「息を引き取る」「息が止まる」のような言葉は比喩でもなんでもなかった。以前、ピラティスの先生が、呼吸の大切さを強調しながら「死ぬのは難しいことじゃありません。吸い込んだ息を吐き出せないと死んでしまうんです」と言っていたのだが、まさに父がそうだった。ゆっくりと息を引き取った。

葬儀場は思ったより閑散としていた。コロナ禍だったうえ、家族葬を選んだこともあって遺族も思ったよりゆっくりできた。図らずも考える時間が増えた私は、閑散とした葬儀場で、火葬場で、納骨を終えた帰り道、そして父を見送ってからの数日間、ずっと考えていた。父はどんな人だったのだろうか、父は私をどんな人だと思っていたのだろうか、私たちは互いをどれほど理解していたのだろうか。

振り返ってみると、大人になってから父と過ごした時間はほとんどない。社会人になってからはなおさらだった。当時はワークライフバランスという概念さえなかったから残業は日常だったし、休日出勤も多かった。私は下宿生も同然だった。プロジェクトを終えて時間ができると、寝溜めしたり、友だちに会ったり、旅行に行ったりした。ぎっしり詰まったタイムテーブルに、両親と過ごす時間は入っていなかった。

私たちはそもそも仲睦まじい父と娘ではなかったので、必要な話以外は言葉を交わすことさえなかった。母いわく父は無愛想な人で、私は父に人生相談をすることも、好きなものを共有することもなかった。同じ苗字を持っていることと、私が父の娘であること以外に、私たちは互いについてどれほど知っていたんだろうか。私はあれほどたくさんの時間を誰と、何をして過ごしていたんだろうか。いまなお考えつづけている。

父が亡くなってすぐは、あまり悲しいと思わなかった。亡くなったとき、入棺するとき、火葬するとき、葬儀が進むたびに涙は出たけれど胸が締めつけられたりはしなかった。でも、悲しみは時間がたてばたつほど染みわたるのだろうか。

ふとした瞬間に父を思い出し、父の死が、不在が感じられた。中折れ帽子を被る老人を見かけたとき、父の好物だったピリ辛のチゲ鍋を食べるとき、父の声やイントネーションにそっくりな弟の声を聞くとき、父がここにいないことを実感する。

とくに一緒に過ごした時間が少ないせいで、思い出が少ないという事実が私の胸を締めつける。いまさら後悔しても遅いけれど、私は慰めの言葉をかけてくれる知人たちにこう声をかけた。

「できるだけ両親と一緒に時間を過ごしてください。思い出もたくさんつくってください。時間は多くありません」

大切な時間を大切な人たちと

「ダイナミックコリア〔金大中《キムデジュン》大統領のもとで打ち出された、韓国のブランドをアピールするスローガン〕」に象徴される韓国社会では、人々がよく使う言葉、あるいはそうでない言葉もスピーディーに変化する。

ここ数年で「ワークライフバランス」の概念が急速に広まり、とくに若い人のあいだで大きな反響を呼んでいる。これからは働き方を変えようというのだ。「アフター5」という言葉に代表されるように、仕事が人生のすべてではないから、別の楽しみを見つけようというのである。これまでは、平日はプライベートを楽しむのも難しいほど仕事に追われていたから、まずは仕事と人生を切り離し、仕事から抜け出すべきだと考えたのだろう。昔は仕事と人生が一緒くたになって、仕事がすなわち人生である場合が多かったから。

ところが一部の人は、ワークライフバランスと聞くと、仕事と人生を切り離すどころか、仕事は人生ではないかのように振る舞う。ずいぶん極端な立場だ。しかし、仕事はさまざまな意味をもつ人生の重要な軸だ。よってワークライフバランスとは、人生が仕事で埋もれないようにバランスを保つという意味になる。これを天秤で表すなら、仕事の反対側には関係、とくに大切な人との関係を置くべきだ。家族、友人、自分自身など、時間をかけて十分な関係を築くべき人たちとの。

父が亡くなってから、私は暇さえあれば、両親との時間を大切にしなさいと後輩たちに話している。おとといも、〈チェ・イナ本屋〉のマネージャーに「友だちと3回旅行に行くんだったら、そのうち1回は母親と行きなさい」と話したばかりだ。

母も年を取ってからはベッドで横になっている時間が増えたのだが、彼女はしきりに旅行の話をしていた。一緒にハワイに行った話、北海道に行って吹雪に吹かれた話、済州島でおいしい海鮮物を食べた話、漢江公園を歩いた話。母は記憶に生かされているようだった。

忙しいときには気づかないけれど、スランプが来たり、人生の節目を迎えたりすると、否応なしにそれ以降の人生について考えさせられる。とくに40歳を越えると「これからの人生、このままでいいんだろうか、あるいは変えるべき？　変えるとしたら何を変えればいいんだろう」といった疑問の数々が目の前に立ちふさがり、その後も何度も私たちの前に現れる。

今後、もしまたこの問いに悩まされたら、ワークライフバランスを思い出すつもりだ。仕事が好きで仕事を優先して生きてきたけれど、天秤のもう片方にもきちんと目を向けようと思う。ワークライフバランスの本当の意味は、「仕事と人生を切り離そう」ではなく「大切な人と一緒に人生を歩もう」なのではないだろうか。あなたも後悔しないように、大切な人たちと、よりたくさんの時間を過ごしてほしい。

感受性、一緒に働くために不可欠なスキル

書店を始めてから、似たようなテーマの本が似たような時期に集中して出版されることに気づいた。数年前からは、言葉とコミュニケーションに関する本が次々に出版されている。言語感受性を含む、コミュニケーションを円滑にするのに役立つ本だ。また言語感受性だけではなく、性認知感受性（ジェンダー・センシティビティ）も台頭しており、私たちの社会全体で「感受性」が高まっているようだ。

感受性とは、外部の刺激を受け入れたときに感じる性質や、他人に対する反応、それに関連するスキルの総称だ。昔から大人は、感受性が豊かな10代のころにたくさんの本や映画に触れろと言ったものだ。大人になると感受性が鈍くなるから、同じものを見ても何も感じないのだと。

では本当に、年を取ると感受性は鈍くなるのだろうか。私は、人間が一人にならない以上、誰かと一緒に暮らしたり、働いたりするには感受性が欠かせないと考えている。むしろ、年を取ればば取るほど感受性を研ぎ澄ますべきだ。

1 見えないけれど、全身の感覚をひらいて

俳優で、講演企画や演出も手がけるソン・スンファン氏と出会ったときのこと。私は某大学の革新委員として参加した食事の席で彼の隣に座った。黙っているのが気まずくて二言三言交わしていると、彼が思いがけないことを言った。視力をほとんど失っていて、私の顔が見えないと。淡々と話す彼を前にして私は動揺した。家に帰ってきて調べてみると、彼が黄斑変性と網膜色素変性症を患っているという記事を見つけた。

そんな彼は、ドラマ『ある春の夜に』に出演していた。毎週楽しみに視聴していたものの、彼の目が見えないことには一切気づかなかった。主人公の父親役だから出演シーンも少なくなかったのだが、彼は音声変換ソフトを使ってセリフを覚えたという。

だが、演技は一人でするものではなく、ほかの俳優の目や表情を見ながら呼吸を合わせる必要がある。彼は目が見えなくなってから、相手の声を注意深く聞くようになったそうだ。すると相手の声がより鮮明に聞こえ、それまでとは別の感覚を覚えたという。相手の反応を敏感に感じとり、反映するようになったのである。

さらに、彼は舞台にも挑戦した。全盛期に演劇界のトップ俳優として『エクウス』などの作品

で観客を沸かせたことを考えれば少しもおかしなことではない。しかし、演劇の制作過程はドラマとはまったく別物だ。ドラマの撮影はNGを出しても撮り直したり、編集したりして補完できるが、演劇はそうはいかない。日々、生中継をするのと同じだ。

ところが、ソン・スンファン氏は2020年秋、『ザ・ドレッサー』という作品の主役として舞台に立った。私は舞台を見に、ソウル市庁の近くにある貞洞《チョンドン》劇場に足を運んだ。視力を失った俳優が出演するからではない。自分も年を取り、ベテランの俳優や歌手、アーティストを応援する気持ちが大きかった。彼らがいつまでも舞台に立ちつづけ、歌を届けてくれることを願う気持ちだ。

私は前から3列目に座っていたので、俳優の表情や、顔を伝う汗まではっきりと見えた。ミスをしたらどうしようという私の心配をよそに、俳優ソン・スンファンは寸分の狂いもなく舞台を横切り、すばらしい演技を見せ、その場を掌握した。事情を知らなければ、誰も彼が視力を失ったということに気づかないほどだった。

その境地にたどり着くまでに、彼はいったいどれほどの練習を重ねたのだろう？　ほかの俳優と呼吸を合わせるため全身の感覚を研ぎ澄まし、小さな動きや気配を逃すまいとしたはずだ。視力を失ったことで、ほかの俳優や周囲のようすを読みとる感受性を最大限引き上げたのだ。舞台が終わり、暗くなった徳寿宮《トクスグン》の石垣道を歩いているときにじわりと感動がこみ上げてきたことを、いまもはっきりと覚えている。

言語に対する感度

言葉でコミュニケーションし、社会生活を送る私たちにとっては、言語感受性も欠かすことができない重要な感受性だ。高麗《コリョ》大学のシン・ジョン教授は、言語感受性をテーマにした『言語の走り高跳び（언어의 높이뛰기）』という本を書いた。

同書によると、言語感受性とは言語に対する感度を意味する。「未亡人」という言葉を例に見てみよう。未亡人とは「まだ死んでいない人」という意味で、夫と死別した寡婦を指す。殉死は昔の風習であるのに、私たちはなんの気なしに「未亡人」という言葉を使う。夫が死んだら妻は後を追うべきという思想が込められた言葉を。

また私たちは、家事は女性だけの責任ではないと言いながら「主婦」と言い、結婚したら女性は家を出るという意見には反対しながら、妻の実家を「外家《ウェガ》」と呼ぶ。それからシン教授は、性犯罪において羞恥心は被害者ではなく加害者が抱くべき感情にもかかわらず、被害者の感情を「性的羞恥心」と表現する点も、考え直すべきだと指摘する。私たちの言語感受性は、それほど鈍いのである。

言語感受性が鈍ると、円滑な関係を築いたり、維持したりするのが難しくなる。とくに外見に言及するのは、いくら褒め言葉でも避けたほうがいい。ある大学では同級生の女性に「きれいだ」と言った男性が、容姿を評価したという理由で学会へ参加できなくなるなどの懲戒処分を受けたこともある。特定の性を対象化したり、卑下したり、差別したりする発言として捉えられたのだ。10年前なら問題にならなかっただろうが、人々の考えや社会の変化に伴って聞き心地の悪い言葉になったのである。

しかし、上の年代はこのような変化を都度キャッチするのが難しく、そのため老害と言われることも少なくない。これもまた、感受性を高めるべき理由だ。

自分の仕事じゃなくても

感受性は文学や映画、芸術作品を鑑賞するときにだけ必要なものではない。むしろ私が注目するのは、他者に対する感受性だ。仕事やさまざまな活動をするとき、ともにする人々がどのように考え、感じるかを予測し、それを受け入れたり、適切に対応したりする能力。これこそ大人に必要な感受性ではないだろうか。誰かと一緒に生きていくのに欠かせない能力である。

在日韓国人2世の姜尚中氏は、日本を代表する知識人であり、在日韓国人として初めて東京大学の教授を務めた。私は彼の書く文章が好きで早くから著書を読んでいた。なかでも『悩む力』(集英社、2008年)は、日本で100万部以上を売り上げたベストセラーだ。

同書のなかで彼は、「人を相手にするサービス業は、コミュニケーション・ワークスだ」と述べている。たとえば、私たちが決まった美容室に足を運ぶのはヘアカットの技術がいいからだが、それだけが理由ではないという。美容師が客の話によく耳を傾けてくれるとか、細かく説明しなくても似合うスタイルを提案してくれるとか、頭皮をマッサージしてくれるとか……。人を相手にする仕事には、決まった制限がないというのである。約10年前にこの本を読んで感銘を受けたのだが、彼の言うコミュニケーション・ワークスは私のいう感受性と通じるものがあるのではないだろうか。

会社の業務を例に挙げてみよう。よいパフォーマンスを発揮し、高い評価を得るためには、ただ仕事をこなすだけでは不十分だ。上司の指示を待たずに動き、自分の仕事でなくてもチームの状況を鑑みて同僚を手伝い、あとから必要になりそうな仕事を事前にやっておき、クライアントの要求の一歩先をいった提案をする。もしチームにこういう人がいたら、どんな同僚であれ、その人に好感を抱いて一緒に働きたいと思うはずだ。

無条件に周囲の人に合わせろという意味ではない。仕事を成立させるためには、自分の仕事以外にもすべきことがたくさんあること、それらの不確定要素をくみ取って反映させる必要があることを念頭に置くべきだ。私はそのような能力が「他人に対する感受性」だと考える。私たちは一人で働くわけではないのだから。

長年仕事をしながら、仕事ができるというのはどういうことなんだろう、仕事のできる人にはどんな能力があるんだろうと、深く考えてきた。その結果、出した答えが「感受性」だ。山口周と楠木建の『「仕事ができる」とはどういうことか？』（宝島社、2019年）では、「センス」という言葉で表現されているが、私の意見もこれに近い。

ただし私は、仕事に影響を与える不確定要素を十分に予想し、くみ取り、受け入れなければならないという意味で「感受性」と表現する。すばやく変化する状況、人によって異なる欲求や微妙な立場を把握し、何をどこまで受け入れるか、そのあと何をどうするかを把握する能力とでも言おうか。

仕事の理由と対象をはっきり認識する

ここまでの話に同意してもらえると仮定して、問題は「感受性をどう育てるか？」ということ。すでに感じているだろうが、この問いに対する私の答えはじつに抽象的だ。「私はいま、何をすればいいいいんだろう。本当にこれがベストなの？」という問いを何度も繰り返すほどだから。

そういえば、一つ思い出したことがある。ある企業が〈チェ・イナ本屋〉を貸し切ってイベントをしたときのこと。イベントの日は一般客の利用を制限するため、案内文を用意しなければならない。

念のためスタッフに確認すると、その日は案内文が貼られていなかった。私は急いでドアに案内文を貼るよう指示した。インスタグラムやフェイスブックでも事前に案内はするが、ときどき知らずに来店する人がいるのだ。ところが、案内文に書かれていたのは「貸館」の2文字だった。

仕方なく引き返さなければならない人に向けた、謝罪の気持ちを込めた案内文。せめて「イベントのため、本日は2時間早く閉店します。ご迷惑をおかけして申し訳ございません」くらいは書くべきだろう。「貸館」の2文字は私たちの都合にすぎず、がっかりするであろう客の立場は一切考慮していない。これは、根本的に他人への感受性が足りていなかった一例だ。

感受性を高めるためには、なぜこの仕事をする必要があるのか、対象は誰なのかについて、指示を出す人に質問し、意図をしっかり把握しよう。もしそれが難しい場合は自問自答しても構わない。すると対象者の立場や気分を推し量るようになり、おのずと的確な答えが見つかるだろう。

「ただやっただけ」の力

私は昔から賢い人に憧れていた。知識が豊富で自分の考えがはっきりしていて、それをしっかり言葉にできる人がうらやましく、自分もそうなりたいと思っていた。

小学生から大学生になり、いい年をした大人になるまで、なりたい職業が何度も変わった。自分の考えを教えられるのに魅力を感じて、大学教授になりたいと思ったこともあった。決まった内容を教える中学や高校と違い、大学教授になれば研究結果をもとに自分の考えを教えられると考えたのだ。私は子どものころから自分の考え、自由、自分らしさのようなものをとても大事にしていた。

だから何かを成し遂げた人にその秘訣を尋ねたとき、「ただやっただけ」という言葉が返ってくるとひどくがっかりした。明確な考えや意味もなく、ただ運がよくてそうなったように見えた。でもいまなら、ただ運がいいわけではないとわかる。「ただやっただけ」という言葉のもつ力がよくわかるからだ。

うまくいっても、そうでなくても

〈チェ・イナ本屋〉では、5年以上ブッククラブを続けている。手紙と一緒に、1カ月に1冊の本を送るメンバーシッププログラムだ。2022年1月はチョン・ジウ氏の『私たちはライティングを難しく考えすぎる（우리는 글쓰기를 너무 심각하게 생각하지）』を選び、旧正月の連休初日の土曜日、著者を招いてトークイベントを開催した。彼はオフラインのイベントは久しぶりだと感激し、あわただしい年初に足を運んでくれた読者たちも、熱心に質問をしてくれた。

彼は10年以上、毎日のように高いクオリティーの文章をフェイスブックに書き続けてきたことで有名だ。本にも書いてあるエピソードだが、実際に本人の口から聞くといっそう感慨深かった。学生のころから文章を書き続けてきたという。うまく書けるときもそうでないときも、ただひたすら書いたと。それらの文章が積み重なって本になり、彼の著作はいつの間にか10冊になった。

「ただ書いた」という言葉が、私の心に大きく響いた。ただやった、ただ書いたという言葉！それは何も考えず、適当にやったという意味ではない。うまくいってもいかなくても、希望が見えても見えなくても、結果が出ても出なくても、しばしば訪れる試練に負けることなく何かを続けたという意味だ。

「黙々とやるべきことをやった」という言葉を聞いたことがあるだろう。この「黙々と」も、決して軽い言葉ではない。意志をくじこうとするあらゆる誘惑、挫折、不確実性をものともせず、何かを続けてきた証拠だから。

トークイベントでたくさんの質問が寄せられるなか、ある人がこう尋ねた。「以前から文章を書くことに興味があるんですが、なかなか筆が進みません。どうすれば先生のように、コツコツと書き続けられますか？」

私も講演で似たような質問を受けることがあるのだが、そのたびにビシッと決まる答えができずにいたので答えが気になった。彼は次のように答えた。

「自分の書いた文章を支持してくれる人が一人でもいれば、書き続ける力が湧きます。ライティングの講座に参加して書かざるをえない環境をつくったり、自分の文章を誰かに見せたりして、視点を変えてみるといいと思います」

答えにくい漠然とした質問に具体的に答える彼の姿も印象的だったが、続ける方法を尋ねた質問者にも驚かされた。何かをコツコツと続けることは、ただひたむきにやる以外に方法はないと思っていたからだ。とにかく私はその日、何かを続ける方法を会得した。

「やってみた人」にしか言えない言葉

詩人のチャン・ソクジュの作品に「ナツメ一粒（대추 한 알）」という詩がある。

あれがおのずと紅くなることはない。
あのなかに台風がいくつか
あのなかに雷がいくつか
あのなかに稲妻がいくつか

あれがひとりでに丸くなることはない。
あのなかに降りる初霜が幾夜
あのなかに照りつける日差しが数か月
あのなかに三日月が数個

詩人の言う「おのずと」を、私は「ただ」と読む。ナツメはただ紅くなり、ただ丸くなるのではなく、そのなかには台風や稲妻、初霜、日照りが詰まっている。だからある成果を残した人の言う「ただやっただけ」という言葉にも、投げ出したいと思う気持ち、言うことを聞かない体、悪評に怯える経験、逃げ出したくなるほどの孤独などが詰まっている。

それらすべてを乗り越えて初めて、ある地点に到達できる。何かをやりつづけることは、一日も欠かさなかった証拠であり、やる気を削ぐ現実や心に打ち勝つ何かをもっているという意味でもある。

チョン・ジウ氏のトークイベントで、もう一つ気づいたことがある。「ただやった」という言葉は、実際にやってみた人にしか言えないものだ。文章を例に考えてみよう。文章を書いたからといって、就職先が見つかるわけでも、出版の依頼が来るわけでもない。けれども書かずにはいられない、もっと赤裸々に言うならば書く以外に代案がないことがむしろ道を切り拓いたといえるだろう。

彼はまさにそのような時間を過ごした。書くことがただちに彼の進む道を照らすことはなかったけれど、進路や生計という重い課題を抱えながらも彼はひたすら書いた。ところが驚くべきことに、それらの月日が積み重なり、日々書き溜めた文章は本になり、彼は作家になった。ああ、本当にこれはやってみた人にしかできない話だ！

約10年前、ある食品広告の「男性に効くんだけど、本当に効くんだけど、表現する方法がない

分に返ってくるのだが、それをお見せするすべがない……。とにかく、実際にやってみてほしい。

……」というコピーが話題になった。ただひたすら何かを続ければ、ある日それが実を結んで自

先輩を忘れないでください

私は後輩にとって扱いづらい先輩だった。それは必ずしも役職のせいだけではなく、とっつきにくい印象を与えていたように思う。よく隙がないと言われた。

ある後輩には「先輩の前では常に正しいことを言わなきゃならない気がするので緊張します」と言われ、またある後輩には「上の人はたまにワケもわからない理由で叱ってきますけど、先輩の場合は痛いとこをついてくるので、何も言い返せません。叱られるだけの理由がありますから。だから先輩が怖いです」と言われた。一言でいえば、私は冷たい先輩だったのだ。

でも、制作本部長と国内本部長として数百人の後輩を管理していたときは、困ったときに私のもとを訪ねてくる人が何人もいた。私は心を込めて彼らの話に向き合った。役員である上司のもとにやってくるのは、簡単な決断ではなかったはずだ。その気持ちが痛いほどわかったので、私は熱心に耳を傾け、答えを模索した。私のほうがもっている情報が多いし、影響力もあるので、何か具体的なアドバイスができると思っていた。

だからだろうか？　ふだん、根性があって毅然としている後輩も、私の前ではよく泣いた。本音を隠して一人で思い悩んできた彼らは、責任者が本気で話を聞いてくれたおかげで緊張がほぐれると同時に、それまで溜まっていたものがあふれたんだろう。

私にも同じような経験がある。私は1991年の晩秋から2カ月間、インドとネパールを旅した。しかも一人旅だ。いまもインドは女性一人で行くのは危ない場所だと言われているが、私は30年も前にそこを訪れた。怖いもの知らずだったというより、それほど切実だった。

当時、入社8年目だった私は、体重が7キロも減るほど体調を崩していた。複数の病院に行っても治らなかったので、腕がいいと評判の東洋医学をもとにした韓方医院に行った。私を診た医師が「若い人の胸にこんなにも怒りがくすぶっているなんて、いったい何があったのか」と口にした。おそらくストレスだろう。いまでいう燃え尽き症候群だと思う。

ちゃんとやれているのだろうか？

24歳で入社してから、常に気を引き締めてがむしゃらに突っ走った。7~8年たつと仕事に慣れてまわりからも認められ、余裕が生まれた。忙しいときはほかのことを考える暇もないのに、余裕ができるとつい自分を振り返ってしまう。ピンと張っていた緊張の糸が解け、体にも影響が出たのはそのときだったと思う。幸い、2週間断食をしたら生薬の効果も相まって体は少しずつよくなっていた。

ところが、今度は心が問題だった。一度ざわつきはじめた心は、なかなか鎮まらなかった。私の心は次のような疑問でいっぱいだった。「この仕事になんの意味があるの?」「体をボロボロにしてまでやらなきゃならない仕事?」「私の魂は何かを渇望してるのに、私は増えたお給料で服や靴を買って、毎朝のように会社に出勤する。このままでいいんだろうか?」「それでも私はこの仕事をがんばりたいし、楽しいけど、いまの会社にいるべき?」。あなたの悩みと似ているのではないだろうか?

一方で、意外な悩みもあった。「私は会社でかなり認められてるし、仕事にも慣れた。重要な仕事も任されてる。でも、ちゃんとできているんだろうか?」

「詐欺師症候群」という言葉を聞いたことがあるだろうか。「インポスター症候群(Impostor Syndrome)」とも言い、自分が成功したのはたんに運がよかったからで、いままでずっと周囲を騙してきたという不安に駆られる心理傾向だ。自分のことを、成功や成果を手にする価値のない「仮面をつけた詐欺師」だと認識する自己不信の一種だという。

映画『レオン』や『ブラックスワン』に出演したナタリー・ポートマンも、インポスター症候群だったという。2015年にハーバード大学心理学科を卒業した彼女は、卒業式の祝辞で「自分の入学は何かの間違いではないかと疑い、愚かな女優だとバレないように難しい授業ばかり受講した」と告白した。同じく俳優のジェシカ・アルバもインポスター症候群に苦しめられ、天才科学者であるアインシュタインでさえ自らを「故意ではない詐欺師」だとし、周囲からの関心と尊敬が過分だと述べたそうだ。

彼らとは比べものにならないが、私もそうだった。自分の能力はそこまで評価されるものではないのに、まわりの人はこぞって私に騙されているのではないか、過大評価されているならいつか風船が割れるようにバレるときが来る、そう思っていた。

だから会社を辞め、韓国の広告市場というさらに大きなフィールドで評価を受け、いまの評価が身の丈に合わないものだとわかったら、一歳でも若いうちに新しいことを始めようと考えた。そのほうが長い目で見れば自分のためになると思ったのだ。31歳の私の頭のなかは、それらの疑念でいっぱいだった。

私は会社に退職の意向を伝えた。しかし中堅のコピーライターは市場価値が高く、優秀なコピーライターを雇うのも簡単ではなかったので、会社は私に休職を提案した。悩んだすえ、当時としては珍しく2カ月間の休職を申請した。上司からはハワイのようなリゾート地で休むように勧められたが、体に燃えたぎる欲望がそうはさせなかった。私は、それまで生きてきたのとはまったく違う場所を求めて旅立った。インドへと！

見知らぬ人の肩の上で

当時、私が働いていたのは第一企画とアメリカの〈ボゼル社〉の合弁会社、Cheil Bozellだ。女性一人でインドに行くと聞いたアメリカ人の上司が、ボゼルのインド支社とコンタクトをとって空港送迎やホテルの予約を頼んでくれた。とてもありがたかった。

インドで過ごした時間は、いまもうまく言葉にできない。人々、風景、言葉、行動……。そのどれもが未知だった。ただでさえ心身ともに疲れていたのに、そこでの日々は私をさらに疲弊させた。

そんなある日、インド支社の社員の自宅に招待された。インドの上流階級だったその家は、修羅場のようなデリー市内の風景とはまったく違っていた。社員の母親が振る舞ってくれたベジタリアンの伝統料理は、私の口にもよく合った。食事を終えてお茶を飲みながらおしゃべりを楽しんでいると、突然、涙があふれてきた。私自身も驚いていたから、彼らの驚きは計り知れないだろう。しばらくわあわあと泣いてから、蚊の鳴くような声で謝った。

その日の夜、ホテルに戻り、泣いた理由を思い返してみると「大変でしょう?」という社員の母親の言葉が、心の奥深くまで届いたからだった。彼女は若い東洋人女性の一人旅を案じてそう言ったのだが、私はそこに至るまでの数年間の奮闘を思い返し、感極まって泣いてしまったのである。彼女はそれ以上何も訊かず抱きしめてくれ、私は彼女の腕のなかでしばらく泣きつづけた。恥ずかしげもなく泣ききると、憑き物が落ちたように胸がすっきりした。思いきり泣くと顔がさっぱりするが、顔だけじゃなく胸のつっかえも一緒に洗い流され、浄化されたのがわかった。見知らぬ外国人の前で泣いてしまったのはいま思い出しても恥ずかしいが、私はそのとき再びエネルギーを得たのだと思う。

そのときはっきりとわかった。心を分かち合う相手は、必ずしも近しい人だけではないのだと。困っている人に手を差し伸べ、肩を貸してくれる人がいる。それほど温かい経験をした人は、のちにほかの誰かに自分の肩を貸すようになる。

先輩も温かい人だ

そんな遠い異郷での経験が、そのあとも私のなかに残っていたのだろう。私は仕事のときは冷静沈着だったが、誰かが助けてほしいと訪ねてきたら、いくら忙しくても追い払うことなく真摯に向き合った。そして最善を尽くして彼らの役に立とうとした。

私だけではない。じつは、多くの先輩や上司が同じではないだろうか。でも、後輩たちは口をそろえて言う。「困ったときに相談できるメンターが欲しいけど、なかなかうまくいきませんね。会社の先輩や上司に本音を話すのは難しいじゃないですか」と。

学生時代、こんな経験はないだろうか？　慕っていた教科の先生が担任になった瞬間、妙に遠い存在に感じられる。担任の先生とは成績の話もしなくてはならないので、なんとなく居心地の悪い関係になってしまうのだ。会社の先輩や上司も、担任の先生と似たような存在といえる。でもじつは、会社で経験したことを議論したり、アドバイスをもらったりするには、先輩や上司は誰よりも役に立つ存在なのだ。

先輩だから、上司だからという理由で除外するのではなく、困ったことがあったら彼らにアドバイスを求めてみよう。あまり関わりのない人でも、親切に悩みを聞いてくれるかもしれない。私のところにも、名前も知らない後輩がアドバイスを求めにやってきて、それをきっかけに格別な関係になった経験もある。彼女はほかの同僚と話しても見つからなかった答えを、私との会話から見いだしたのだ。

会社での日々は無味乾燥に見えるかもしれないが、会社員もみな、血の通った個人だ。そして昇進すればするほど孤独だ。後輩が悩みを相談しにやってきたら、その先輩はむしろ感謝するかもしれない。本音を話す相手から会社の先輩や上司を真っ先に外しているとしたら、いまからでも考えを変えてみてはどうだろう？

私たちは環境に適応する力がある

ヴィクトール・E・フランクルの『夜と霧』（みすず書房、2002年）は、私がこれまで幾度となく読み返した愛読書だ。この本は、私に大切なことを教えてくれた。もしいま困難に打ちひしがれている人がいたら、ぜひ手に取ってほしい。

ヴィクトール・フランクルは、1940年代にオーストリアのウィーンに暮らしたユダヤ人の精神科医だ。ユダヤ人だった彼が、ヒトラー率いるナチスの支配下でどんな目に遭ったかは想像に難くないだろう。そう、アウシュヴィッツに収容された。彼のみならず彼の家族も収容所に入れられ、両親、弟、妻は収容所で亡くなった。幸い、彼は生きながらえて同書を書いた。

彼は同書のなかで次のように述べている。ナチスが自分を家畜のように扱うのは仕方のないことだが、ナチスの抑圧にどう反応し、どう行動するかは自由で、私たちは依然として尊厳に満ちた存在だと。

そのことを自覚するために、フランクルは毎日、儀式を行った。ガラスの破片を拾ってひげを剃り、飲み水を節約して顔を洗う。そして反芻した。自分は尊厳に満ちた存在だと。ひげ剃りでできる引っかき傷さえ、血色がよく見えるはずだと考えた。ナチスにとって収容所のユダヤ人は労働力そのものだったので、血色のいい健康なユダヤ人はガス室行きを免れたのだ。そんな死と隣り合わせの環境で、自分にはどう行動するか決定する自由があることを胸に刻みながら、フランクルは決して諦めることなく最後まで生きながらえた。

フランクルの経験とは比べものにならないが、困難に直面するとき、私は彼のいう自由を思い浮かべる。すると目の前の困難に押しつぶされることなく、一歩ずつ答えに向かって歩んでいける。

「静かな退職」は賢明な選択だろうか

組織に属して働く人の多くが、次のような不満を吐露する。

「うちの会社は安定しているけど、あらゆる面で遅れています。仕事のやり方や組織文化、意思決定、社内のコミュニケーションとか、とにかく全部です。でも私には会社を変える力がないのでもどかしいです。ほかの会社を調べていますが、最近は転職もラクじゃありません。給料はしっかり出るけど気持ちが乗らないから仕事もつまらないし、与えられた仕事を適当に終わらせて、さっさと家に帰ることばかり考えています。でもこうするのが自分にとってベストなのか、という悩みは常にあります」

やっとの思いで就職して喜んだのも束の間、どうも会社の理念やシステム、組織文化が気に入らない。とはいえ、会社を辞めようにも適当な代案がない。このように心がすでに会社を離れてしまったときは、どうすればよいだろうか？

最近、「静かな退職（quiet quitting）」が話題だ。最低限、与えられた業務だけをこなすという意味の「静かな退職」は、アメリカを中心に世界各地に広まっている。静かに退職するのではなく、退職したかのような精神的余裕をもって働こうというのである。

この現象は、20代のアメリカ人エンジニアがSNSに動画をアップしたことがきっかけで始まった。動画のなかで彼は「仕事がすなわち人生ではない。仕事の成果であなたの価値を決めることはできない」と述べながら、「静かな退職」という表現を使った。多くの若者が彼の言葉に共感した。

静かな退職は、新型コロナのパンデミック以降、アメリカで起きた「大退職時代（the great resignation）」とともに進行している現象だ。新型コロナによる大規模の組織改革、超過勤務、失業手当などの増加によって仕事への懐疑心が大きくなり、業務への没入度が落ちたことが

原因と言われている。大退職による採用難がひどくなったことで残された社員の負担が増え、過労が積み重なった結果、静かな退職をすることになったというのだ。

――『YONHAP INFOMAX』、「静かな退職」より

つまり、会社で不当な扱いを受けたことで「静かな退職」という手段に出たわけだ。しかし、私はこの選択が当事者にとって賢明だとは思わない。彼らのためにならないからだ。

英国プレミアリーグで活躍するソン・フンミン選手はトッテナムの所属だ。2022～2023シーズンにEPLトッテナムが公開した資料によると、ソン・フンミン選手は週給19万2000ポンド（約3億1000万ウォン）を受け取っている。年俸に換算すると989万ポンド（約162億ウォン）で、ハリー・ケイン選手に次いで高額だ。

では彼がトッテナムのためにサッカーをしているかというと、そうではない。彼は自分自身のためにサッカーをしている。とはいえ、クラブチームと選手は同じ目標を追求する関係である以上、チームの勝利に貢献しなければならない。

よく企業で働く人を構成員と表現するが、私たちは構成員である前に一個人だ。それぞれ異なる欲求や必要性を持った個人が集まり、各々の目標を追求すると同時に、同じ目的に向かって歩んでいる。だから会社で働くことは、会社の目標を追求するだけではなく、年俸以外の個人の目

標、たとえば新しいことに挑戦したり、人脈を築いたりするチャンスでもある。

さて、ここで先ほどの質問に戻ろう。いまの組織のシステムや文化、意思決定の過程が気に入らないものの、それを変える力がないとき、私たち個人はどうするのが賢明だろうか。

組織で働くとは、組織に使われるだけではなく、同時に自分の目標を追求することだという考えに同意するなら、答えははっきりしている。「どうせすぐ辞めるんだし」とか、「気に入らないけど代案もないから適当にやろう」ではなく、自分が引き受けた仕事に食らいつき、最後までやり遂げるのだ。どこで働こうと自分のために働くのだから、たとえ組織が気に入らなくてもベストを尽くさなければならない。

組織は気に入らないが、それを変える力がないとき

さて、ここまで読んで気づいただろうか？　組織は気に入らないが、それを変える力がないときにどうするのかという問いは、一見すると組織と個人の関係を突き詰めているように見えるが、私の出した答えは「組織とは関係なく自分の人生に忠実であれ」だ。

そう、自分が最善を尽くせないのは、必ずしも組織のせいではないのだ。もしソン・フンミン選手がトッテナムに不満があり（実際にそういう報道もあったが）、ほかのチームへの移籍を検討して

いるからといって、試合で力を抜くことはないだろう。プロ選手にとっては一試合一試合が、力を発揮し、チームに貢献する貴重な機会だから。そのため、チームへの個人的な感情にかかわらず試合のたびにベストを尽くす。

ソン・フンミン選手が試合に出るのは彼自身のためだ。社会人も組織に関係なく、自分の評判、スキル、経験などをアップさせるために働いている。

ここであらためて、フランクルの話を思い出してみよう。私たちはみな尊厳に満ちた存在で、環境を変える力はなくても、それにどう対処するかを決める自由をもっている。

あなたはその自由をどんなふうに使うだろうか？　会社からの扱いが気に入らない、会社のやり方に納得できない……さまざまな理由で転職するにしても、会社を辞めるまではその場所でベストを尽くすのだ。会社ではない、自分のために。

第2部

人生と時間

苦労して
努力した時間は、
自分のなかに残る

誰かを愛すると
その人を大事にし、尊重するようになる。
尊重するとは、
絶えず質問すること。
愛する人にそうするように、
もし自分を愛しているなら、
自分にも訊いてみよう。

第5章

自分に問いかける時間

QUESTION

質問《クエスチョン》

自分で自分を尊重するには

退職を2カ月後に控えた秋の日のこと。当時、私のいたオフィスからはソウルタワーがある南山《ナムサン》が一望できた。その眺望のいいオフィスで、私は本当によく働いた。

その日も夢中で業務をこなしていた。途中、ふと顔を上げて窓の外に目をやると、空はすっきりと青く、日差しがとても気持ちよかった。そのまま外に飛び出して、カフェのテラス席でさわやかな風にあたりながら、大好きな酸味の強いコーヒーを飲みたくなった。

実際には仕事が山積みだったから行動には移せなかったものの、私は思ったより悲しくなかった。なぜだろう?

「あなたの考えを聞かせてくれる?」

そのとき私は、「うちの会社は、仕事は多いけどいい会社じゃないか」と思ったのだ。理由はいくつかあるが、私がとくに評価していたのは、自分の意見を聞いてくれる先輩たちの存在だ。先輩たちの口癖は、「あなたの考えを聞かせて」だった。それがどれほど貴重な問いであるかに気づいたのは、ずいぶんあとになってからだ。韓国が先進国に分類されたいまも、意見を述べようとする後輩や部下に「誰がお前の意見を聞いた？　言われたとおりにしろ！」と言ってのける上司がいるのだから。

会社にいたころ、私たちは常にアイデアに飢えていたので、勤務時間の大半を会議をして過ごしていた。広告代理店だけではなく、多くの人が集まって働く場所はみな同じようなものだろう。ただし、私たちがしていたのはおもにアイデア会議で、それぞれの考えが求められる場だった。「私の考えは……」「それもいいですが、私が思うに……」

私たちに求められていたのは、新しいものをつくることだった。新しい、つまり存在しないものを生み出すためには、常に思考を巡らせる必要があった。

もちろん私たちも、数字を意識したり、クライアントの好みやキーパーソンの意向を反映したりした。それでも中心に据えていたのは、問題や答えについて、それぞれのアイデアを出し合うことだった。

同じ仕事を10年、20年、さらには30年続けていると「打てば響く」ようになり、すっかり慣れると思うかもしれない。ところが私はそうではなかった。新しいプロジェクトを引き受けるたびに緊張し、怖かった。楽なことなんて一つもなかった。

それなのに、どうやって耐えてきたのだろうか？　時間がたち、経験が積み重なるにつれて大事なことに気づいた。それは、会議室で同僚や後輩とアイデアを出し合っていると、たいていの問題は解決するということ。私たちはそうやって互いのアイデアに耳を傾け、補い合って働いた。その先に、答えが待っていることもあった。

そんなふうに育ててもらったからだろうか？　私もまた先輩になり、責任ある立場で後輩の面倒を見ながら「それで、あなたの考えは何？　あなたの考えを聞かせてくれる？」という質問をたくさんした。そして、もし年俸がいまより大幅にアップするとしても、「言われたとおりにしろ」の文化が横行する会社では、長く働けないだろうという結論に至った。

質問とはすなわち尊重だ

ここで、自分自身にスポットを当ててみよう。あなたは仕事も人生も、主体的に取り組んでいるだろうか？　そして、自分自身を愛そうとしているだろうか？　誰かを愛すると、その人を大事にし、尊重するようになる。相手を尊重すると、人はどんな行動を取るだろうか？　そう、質問するのだ。何が食べたいのか、疲れてはいないか、どこへ行って何をしたいのか、何を考えているのか、一方的に何かを決めず、愛する人にしきりに尋ねるようになる。

恋愛を思い浮かべてほしい。誰かを好きになると、その人のことが気になって仕方がなくなる。どんな音楽が好きなのか、どんな映画に誘ったら喜ぶか、いま何を考えているのか、自分のことを考えているだろうか……。相手のことが次から次に思い浮かんで頭から離れない。

飲食店の場合はどうだろうか。高級レストランでは、前菜やドレッシング、メイン料理、肉の焼き加減、デザート、食後の飲み物など、そのつど質問する。これは客を丁重に扱っている証拠だ。

一方、軽食を売る店で「ラーメンの麺の硬さはどうしますか?」「トッポギは辛くしますか、それとも辛さを抑えますか?」「ビビンパの目玉焼きは完熟にしますか、半熟にしますか?」とは尋ねない。さっさと食べて席を立ってほしいと思っているからだ。

質問は、相手を尊重するときにするものだ。自分一人で決めずに相手の意向に沿うのである。好みも性格も違う人に価値観を押しつけることなく、いちいち質問し、意見を反映するのは当然、労力も、時間も、費用もかかる。

だから相手の意向や意見を尋ねるのは、相手を尊重する行為だ。もし会社の上司があなたの考えを聞いたり、意見を述べたりするチャンスを与えずに一方的に指示をするだけなら、それはたんに性格や年齢のせいではない。後輩であるあなたを尊重していない、愛していない証拠だ。大事に思っていない人の意見は気にならないものだから。

常に自分に問いかけよう

自分を愛し、尊重する方法も、他人を尊重する方法と同じだ。常に自分に問いかけるのである。質問がなぜ重要なのかというと、質問をしないと流されるまま生きるようになり、外の流れを自分の考えかのように錯覚してしまうからだ。

主体的に生きるとは、自分を大事にし、尊重することだと思う。世間に流されるまま、言われるままに従うのではなく、自分は何を大事にしていて、なぜそれを求めるのかをしきりに自問し、それを中心に据える人生のことだ。自分を大事にするなら、世間の流れを追う前に、心の声を聞いてみよう。自分がどんな人間かを知り、その意思に従って人生をコントロールするのだ。

最近はコツコツと文章を書いて記録する人が多い。あなたもぜひ、自分について書いてみてほしい。自分に問いかけ、考えたことを書くのだ。今日考えたことのなかで、いちばん気に入ったのはどんな考えだったのか、記録してみよう。

それから、おもしろい本に出合ったら「この本、おもしろいな」で終わらせず、「この本、おもしろかった？　どんなところが気に入った？」と自分に訊いてみよう。すると「ああ、私はこういうものが好きなんだ！　こういうときに心が動くんだ」とわかるようになる。新しく出会った誰かや、映画の主人公をうらやましいと思ったら、「あの人がうらやましいの？どんなところが？」と自分に訊いてみる。すると「私は力のある人の前でも、堂々としてる人に憧れているんだ。うらやむということは、それを大事にしているということ。そうか、私は胸を張れる人生かどうかが大事なんだ」と気づくだろう。

質問をするとじっくり考えるようになるので、見過ごしていたものが一つずつ見えてくる。それらが積み重なり、のちに重要な選択をするときの基盤になるのである。

私は重要な選択を迫られると、先輩にアドバイスを求めにいく前にまず自分と向き合い、たくさん自問した。「これがやりたいの？　なんで？　これをするためにどこまで譲れて、どこからは譲れない？」。一つずつ答えを考え、記録しているうちに、自分の望みや、大事にしているものがはっきりした。

こんなふうにしたのは、私が世間の基準よりも自分の意思を重んじる人間だからだ。いや、自分に問いかける時間をもったからこそ、自分の意思を中心に据えることができたのかもしれない。

自問自答は常にやるべきことだが、自分の意見を尊重してくれない会社で、あるいは一方的な指示ばかりする上司のもとで働く人はなおさら、意識して行ったほうがいい。じつは、仕事を指示する上司より、質問をたくさんされる上司のほうが重要なのだ。あなたも自分を大切にするなら、自分に訊いてみよう。

時間と努力は、楽しみの世界への入場券

講演でよく聞かれるのが、「好きなことをしながら生きていきたいんですが、どうやったら好きなことが見つかりますか？」という質問だ。『キャリア大作戦（커리어 대작전）』の著者、パク・ソンミ氏を招待したトークイベントでも、20代の女性が同じ悩みを吐露した。彼女は4社でインターンを経験したが、最後まで自分がその仕事を好きなのか、その仕事が自分に合っているのかどうかわからなかったと言い、どうしたら好きな仕事を見つけられるのかと尋ねた。

私はイベントでは基本的に司会に徹するものの、ときどき自分の意見を述べることがある。その日、私は次のように答えた。「わからなくて当然だ。２カ月間インターンをしただけでどうしてわかるのか」と。ひょっとして彼女は、運命の相手に一目惚れするような出合いを期待していたのだろうか？

一目惚れ

もちろん、出合ってすぐに恋に落ちる可能性がゼロではないことはわかっている。事実、私はクリエイティブディレクター時代、マキシムコーヒーの広告でこんなコピーを書いた。

#1
ハン・ソッキュ：そのときまで、私は一目惚れを信じていませんでした。でも……。
ナレーション：あなたの香りが私を幸せにする。

#2
ハン・ソッキュ：バラ100本です！
コ・ソヨン：受け取る方は、きっと喜ぶでしょうね……。
ハン・ソッキュ：受け取ってくれますよね？

―ナレーション：あなたの香りが私を幸せにする。

ハン・ソッキュ氏と、コ・ソヨン氏をモデルに起用し、二人のラブストーリーを描いた広告。私たちは恋愛に思いがけない幸運を望むように、仕事にも同じような期待を抱いているのではないだろうか。自分にぴったりな仕事とばったり出合う奇跡を！

ところが、愛は植物を育てるように心を込めて育ててようやく、花を咲かせ、実をつける。仕事も同じだ。

私の好きな「ヘグリンダル（haegreendal）」というユーチューブチャンネルを紹介しようと思う。おもに主婦の日常生活をテーマにし、センスあるコンテンツが並ぶチャンネルなのだが、ある日「家事を楽しむことはできますか」というタイトルの動画がアップされた。タイトルに惹かれて動画を視聴すると、彼女は「楽しいことを見つけるのではなく、一つのことをコツコツ続けながら楽しいと思えることを実践するのが大事だ」と話した。

私は彼女の言葉に大きくうなずき、どんな仕事であろうと、自分の仕事について必死に悩む人は、本質に迫った結論に至るのだとあらためて感じた。最近は、結婚後も女性に働きつづけてほしいと考える男性が増えた。一人の稼ぎでは生活が苦しいからという理由もあるが、女性の活躍を当然のように受け入れる社会背景も理由の一つだろう。その一方で、専業主婦の悩みは深まった。家事こそ家庭のマネジメントであり、重要な仕事であるにもかかわらず、なかなか評価してもらえないからだ。

彼女も悩んでいたのかもしれない。日々、家族のために掃除や洗濯、名もない家事をこなしながら、自分はいったい何をしているんだろうと。ところが彼女は、家事にも楽しみややりがいがあることに気づいたのである。

では、家事を楽しいと思うのはどんなときだろう？　たとえば、ちょっとした工夫で家事がしやすくなったときや、家族が喜んだとき。料理のレシピを変えたらおいしくなったとき。誰も気づいてくれないそれらの工夫が、家事の意義を実感させるのではないだろうか？

私が思うに、これが道理ではないだろうか。一目惚れのように、最初から興味をそそられる仕事に出合えたら幸せだが、運命の相手と必ずしも一目惚れで結ばれるわけではないように、最初からその仕事を好きになる必要はない。時間と労力をかけて少しずつ慣れていき、外からは見えづらい仕事の魅力を知っていくのだ。誰もが振り向くような美男美女ではないけれど、会うほど魅力を感じる人のように。

誰もが好きな仕事をしながらお金を稼ぎ、やりがいを感じたいと思っている。問題は、好きなものが何かわからないことだ。事実、この世には音楽や美術のように、幼いころから打ち込み、早く始めれば始めるほど実を結びやすい職業がある。

ただし、たいていの職業は本人が時間をかけ、努力してようやく芽が出る。だから、自分が好きな仕事が向こうにある気がするのに、いまいち摑めないというのはただの勘違いだ。そういう人は、子どものころに読んだ『星の王子さま』のフレーズをかみしめるといいだろう。「きみがバラのために費やした時間の分だけ、バラはきみにとって大事なんだ」（『星の王子さま』サンテグジュペリ著、池澤夏樹訳、集英社文庫、２００５年）

インターンをしたほうが、しないときと比べてその仕事についてよく知れるのは間違いない。でも、その仕事を好きになるほど詳しく理解するのは難しいだろう。そもそも、そんな短期間では仕事の核心には届かないからだ。ふつう会社がインターンに与えるのは、大事な仕事や主要な任務ではなく、雑用やサポートなのだから。

楽しみはアナログの領域

ここで質問を変えてみよう。あなたは自分がどんなときに「楽しい」と感じるのか、きちんと理解しているだろうか？　楽しさの基準はじつに多様だ。思わず吹き出してしまうコント番組の類いはもちろん楽しいが、ときには深刻なドキュメンタリー番組も学びになっておもしろい。ある問題について熟考したすえに答えを思いついたときや、アイデアをかたちにしたものが認められたときも楽しいと感じる。あなたの楽しみはなんだろうか。

働きながら楽しいと感じるためには、いくつかの経験が欠かせない。とくに主体的に何かをするときは、結果に関係なく楽しい。アイデアをひらめいたとき、上司や同僚の反対を振り切っていい結果を出したとき、互いにいがみ合っていた相手に歩み寄ってプロジェクトを成功させたとき、初めてリーダーになって組織を思うがまま率いるとき……。でも、たかが数カ月のインターン期間でこれらの経験を積めるだろうか。

マラソンをする人は、なぜあんな難儀なことをするのだろう？　ただ健康のため？　もちろんそれもあるが、楽しいからだ。マラソンは退屈だって？　まわりにマラソンをする人がいたら訊いてみてほしい。そこには自分を超え、困難に耐える自分を誇らしく感じる過程があり、ほかの人と一緒に、ときには競いながらも、ゴールの瞬間に感じる仲間愛のようなものは、実際に体験しなければ味わえない喜びや感動だ。

仕事も同様だ。仕事の喜びと悲しみをすべて感じるためには、何カ月くらいインターンをすれば十分だろうか？　見当もつかない。もちろん、変化の激しい現代において、十分な時間を費やせというメッセージが愚かに聞こえるかもしれないことはわかっている。でも、やりがいや楽しみはデジタルではない。

私が思うに、デジタルとアナログの違いはショートカットできるかどうかだ。いつの日だったか、全羅南道《チョンラナムド》の潭陽《タミャン》まで車を走らせながらふと考えたことがある。「潭陽までは300キロ。ショートカットキーを使うようにラクに到達できる場所じゃない、たった1メートル飛ばすことなく走ってようやく到着するんだ」。だからどこかに到達することは、私にとっては間違いなくアナログだ。

同じく、楽しみもアナログの領域だと考えている。仕事の喜怒哀楽を味わってようやく、楽しみの世界に足を踏み入れられる。費やした時間と努力は、楽しみの世界への入場券だ。楽しみは、時間や努力を費やさない者には心を開いてくれない。

もう一つ重要なのは、仕事の核心に触れること。世間に言われるがままではなく、自ら時間と努力を費やして仕事の核心に触れ、はたから見ただけではわからない仕事の本質に出合えれば、仕事に対する自分なりの視点が生まれる。その視点で仕事をこなしていくうちに、少しずつ楽しくなってくる。ある分野で成功した人の多くは、その過程で成長し、目標を叶え、楽しみを手に入れた。

少なくとも、四季を過ごせばわかる

好きな仕事をどうやって見つけるのかという質問に、私は「時間と努力を費やして核心に触れろ」と答えた。ところが、私の答えを聞いて「時間と努力を費やしたのに、まったく結果が出なかったらどうするのかと」と疑問に思う人がいるかもしれない。でも少なくともその仕事が自分の道ではないことが確認でき、未練を捨てられるのではないだろうか？

私は「手に入れるためにはまず投資する」をモットーにしている。種を植える努力が果実となり、資本の投資がお金になるように。さて、事業家は資本を投資するが、私たちは何を投資すればいいのだろう？　そう、時間と努力だ。ソン・フンミン選手の父のソン・ウンジョン氏は、著書『すべては基本からはじまる（모든 것은 기본에서 시작한다）』のなかで、幼いソン・フンミン選手が弱音を吐いたとき、「成功は先払いだ」といって鼓舞したと述べている。

私が思うに、働く時間は自分の財産を積みあげる時間ではないだろうか。労働力を提供することで得られるのは、給料や安定した生活だけではない。仕事のために費やした努力は、データや経験として自分のなかに積み重なり、ほかの仕事をするときにも発揮されるときが来る。いま、あなたがしている努力は、同じ業界だけで発揮されたり、価値をもったりするわけではない。それなら、業種を変えて挑戦することもできるのではないだろうか？　時間と努力を費やさなければ、自分のものにはならないのだから。

時間と努力を費やしてこそ、見えてくる

広告は基本、季節を先取りしてつくる。たとえば春に発売する商品なら冬になる前から準備を始め、プランを固めて撮影する。そのため広告代理店で働いていると、韓国とは季節が正反対のオーストラリアに行く機会が多い。私も撮影のために、10回以上、シドニーやメルボルンを訪れた。

でも、それだけ何度も足を運んだにもかかわらず、私はシドニーをよく知らない。私はプライベートの旅行では、バスや地下鉄に乗ってあちこち出かける。何度も訪れたヨーロッパの都市はソウルのように大きくないので、歩いて回ることも多かった。そうして地図を見ながら歩いていると、いくら方向音痴の私でも、都市の東西南北が頭に入ってくる。

ところが撮影の場合は、現地のコーディネーターが何もかも面倒を見てくれる。自分で探し歩

ロケ地の砂漠を歩くチェ・イナ氏

シドニーの撮影現場でスタッフと

く必要がないのだ。ホテルから撮影場所までピックアップしてくれ、撮影が終わったらふたたび彼らの運転でレストランに寄ってからホテルに戻る。すべての撮影が終わったあとのわずかな自由時間に一人で出歩かなければ、いくら滞在してもずっと見知らぬ都市のままだ。シドニーについては、海岸沿いのロックスと公園以外はどこも思い出せない。

仕事と旅行では違って当然と思うかもしれないが、ここでの要点は「時間と努力を費やしてその都市を探索したか」だ。探索してようやく、時間と努力を費やしたその対象についてぼんやりとわかるようになるのだ。

「私の好きな仕事はほかにあるはず」

私は広告マンとして29年働いたけれど、半分以上の月日を仕事を続けるかどうか悩みながら過ごしていたように思う。そのため放浪もしたが、負けたくない、うまくやりたいという気持ちがあったので絶えず努力してきた。

そんなある日、ふと思った。「私みたいな気難しい完璧主義者がここまで逃げずに続けてきたってことは、この仕事は私にとって天職なのかも。それなら受け入れよう」。あまりに受け身すぎるって？　では、そう思った理由を説明していこう。

私は最初から広告がつくりたかったわけではなかった。私が大学を卒業したのは１９８４年。卒業したらふつうは就職をするが、当時の企業はあからさまに女性を差別していて、採用すらしなかった。１９８８年のソウルオリンピックも開催前だったし、２００２年にＦＩＦＡワールドカップ（日韓大会）が開かれるのは卒業してから18年もあとのことだ。

ある大企業が「女性も採用する」という新聞広告を出していたから願書を受け取りにいったのに、そのまま帰されたこともあった。「女性を採らないならどうして求人広告を出したのか」と訊くと、「形式的なものですから」と返ってきた。そういう時代だった。

紆余曲折を経て、専攻不問、女性可という内容につられて広告代理店に応募したら運よくコピーライターとして採用された。でも、一向になじめなかった。ちなみに私は政治外交学専攻だったのだが、当時の企業が採用する女性の多くは英文科出身だったと思う。

とにかく、コピーライターがどんな仕事か知らなかったけれど「ライターって言うくらいだから何か書くんだろう。書く仕事ならなんとかなりそう」と思って入社した会社だった。そのとき私は記者志望だったので、「1年後、記者の試験に再挑戦しよう」と考えていたのだ。29年間、広告マンを続けることを誰が予想しただろう。

入社してオリエンテーションを終えるとチームに配属されたのだが、私の育った世界とはあまりに違っていたのでとても驚いた。いわゆる「エンターテイナー気質」をもつ人たちが集まっていて、何を言っているのかまったく理解できなかった。

当時、広告代理店の制作チームは、グラフィックデザイナーとコピーライター、PD（最近はPDがいないことも多いが、当時はPD自らCMを撮影した）で構成されていて、デザイナーは美術大学、PDは演劇映画科の出身が多かった。それまで私が出会ってきた人たちとはまったく異なる、私からすると「エンターテイナー」の集まりだった。もちろん、のちに私にもエンターテイナー気質があることに気づき、会社になじむのだけれど。

とにかく最初はチームの雰囲気になじめなかったので、「少しだけ我慢して、別の仕事をしよう」と自らを慰めていた。でも私の性格上、本当に嫌だったならとっくの昔に辞めていただろう。スパッと見切りをつけられない程度に少しずつおもしろくなっていった。ジョークを口にするみたいにアイデアを出し合うのもおもしろかったし、自分たちのプランが広告になる過程や、一つの課題をみんなで議論しあうのはワクワクした。それらを推奨する先輩たちの存在も心強かった。

少しずつ仕事に染まっていく一方で、相変わらず「好きでこの仕事を選んだんじゃない」という思いは渦巻いていた。働きながら勉強していてはどうせ受からないだろうと思って記者になるのは諦めたけれど、自分の好きな仕事は別にあるという思いが、ずっと心のなかにくすぶっていた。スランプに陥るとその思いはより大きくなった。

数カ月間のインターンではわからないこと

そうして10年が過ぎたある日、ふと思った。「私はいままで、仕事とお見合い結婚したと思ってたんだな。年を取ったから仕方なくお見合いで相手を見つけて、一緒に住むのも悪くなさそうだから結婚したって。この人と愛し合って結婚したんじゃないって思いつづけてきた……。でもある日、隣に寝ているその人を見つめていたら、自分でも知らずのうちに好きになってたこと、十数年間一緒にいるあいだに愛情が芽生えたことに気づいたんだ……」。私が仕事を好きになり、きちんと向き合った過程を結婚にたとえるとこうなる。

10年という時間をかけてようやく、仕事が好きだと気づいた。もちろん、全員がこれほど長い時間をかける必要はない。賢い読者のみなさんは、きっともっと早く気づけるだろう。ただし、これだけは覚えておいてほしい。少なくとも、その仕事と四季を一緒に過ごしてみてようやく、好きかどうかきちんと判断できるということを。

恋愛と結婚は別物だという。長いあいだ連れ添う人とは、ビビッとくる直感以外にも、さまざまな面での相性が欠かせない。それならなおのこと、時間をかけて知っていくべきではないだろうか。

仕事も十分な時間をかけて体験してみないと、好きかどうか、自分に合っているかどうかわからない。たんなる生計を立てる手段ではなく、好きでやりたいことならなおさら、数カ月間のインターンだけでは不十分だろう。

「代案なし」が代案になるとき

私はたまたまコピーライターになり、適性にも合わず、業界で必要とされる才能もない気がして日々悩んでいた。それでもうまくやりたい気持ちが大きくて、睡眠時間を削って食らいつき、長い時間さまよったすえ、広告業を自分の仕事として受け入れた。

結果だけ見ればうまく適応してよい成果を残したが、どうしても広告じゃなければダメだったのか、とも思う。もしかすると仕事に自分を無理やり合わせただけじゃないか、別の仕事をしてもそれなりにやれたかもしれない、無理にでもほかのことに挑戦していたらもっといい仕事に出合えたかも、そんなふうに思ったこともある。

でも、私には代案がなかった。ときは1980年代。仕事が必要なのに、女性を採用する企業はほとんどない。私を雇ってくれた会社で、広告の仕事を続ける以外の代案がなかったのである。

あとで振り返ってみると、代案がないからこそ奮闘できたのだと思う。「奮闘した」ではなく「奮闘できた」と書いたのは、その事実が私を鼓舞するだけでなく、能力を引き上げる原動力になったからだ。

前例なしをひっくり返すために

代案がないということは、なすすべがないということだ。私たちは何かを選ぶとき、複数のプランのなかから好きなものを選びたがるが、すべての人がそうできるとは限らない。誰かは、あるいは人生のある区間では、いや応なしに行き止まりに追いやられるかもしれない。でも何事も一利一害、しばしば不幸だと思っていたことが新しい道を切り拓くこともある。人生は何もわからない状態で始めるのだから。

私もそうだった。広告の仕事が合わずに苦労した話はすでにしたとおりだ。ところで、仕事がつらかった理由はほかにもある。１９８０年代、政治外交学科を卒業した女学生が数々の書類審査と面接を経て、やっとの思いで就職した。けれど入社の喜びも束の間、男女差別という絶望的な状況が待ち受けていた。男性と比べて給料は少なく、昇進は遅い。これらの内容を会社の規約に明記していたくらいだから、明白な差別だ。「女であるお前たちは劣った存在だ」という宣言のように感じられ、まるで少数民族にでもなった気分だった。

私は、学校という巣のなかでは一度も差別されたことはなかった。むしろ女性学などを通じて、男女は対等な存在であると学んだ。家でも、息子だから、娘だからと差別されたことはない。なのに社会は違った。学校を出るまで信じていた男女平等は、たんなる義務の話だった。私が入社したのは真冬の1月5日。その日の天気と同じくらい厳しい社会人生活の幕開けだった。

当然、会社を辞めることも考えた。自分の力不足でお粗末な扱いを受けるならいくらでも納得できるけど、女性は無条件で劣っているなんて。そんなばかばかしい発想には同意できず何度となく抗議して対等な扱いを要求したが、会社は規約を理由になかなか改善してくれなかった。前例がないという言葉ばかりを繰り返した。「前例がない」という言葉は、そのあとも何度も聞かされた恐ろしい言葉だ。

プライドを守るためにも辞めたくてたまらなかったが、そうはいかなかった。代案がなかったから。当時、いくつかの外資系企業を除けば女性社員を採用する会社はなかった。せっかく採用しても「オフィスの花」と称するほどだったから、いまとはまったく違う。うちの会社だけではなかったのだ。だから辞めることは代案にならなかった。

ひとまず私は、自分のエネルギーを出し切ることにした。女性が劣ってないことを証明するため、成果を出すため努力し、その努力が新しい道を切り拓いてくれた。自分でも気づかなかった能力に一つずつ気づいて、発揮したとでも言おうか。

キム・ヨンミン教授は『人生の虚しさをどうするか（인생의 허무를 어떻게 할 것인가）』のなかで

「問題解決の最初の一歩は、見つめること」と述べている。私はこの言葉に深く同意する。私もまた道が見えなくなるたびにそうしている。20代のときもコピーライター、クリエイティブ、広告という仕事をより深く探り、自分という人間をじっくり見つめた。

どれくらいのあいだ、そうしていただろう。少しずつ何かが見えてきた。広告とは結局、クライアントの売り上げをアップし、ブランドの認知度を高め、イメージを改善するなどの問題を解決しようとする行為だ。それなら先輩たちの言う才気、センス、瞬発力だけあっても意味がない、という結論に至ったのである。

すると別の能力が必要だと考えるようになり、ひょっとしてそれらの能力が自分にあるのではないかと、さらに深く自分を見つめた。すると説得力、コンセプトをつくるスキルのようなものが見つかったのである！　もちろん才気、センス、瞬発力のある人は、そうでない人より有利だろう。ただし、ほかにも必要なスキルはある。私はそうやって自分の得意なやり方を見つけた。

行き止まりがくれたチャンス

もしあのとき私に代案があったなら、いくつかの選択肢のなかから選ぶことができたなら、いまよりもっと大きな成功を収めていたかもしれない。でも、起きていないことや選ばなかった道のことは誰にもわからない。ほかに方法がなかったから、私はその道から追い出されないよう必死に前進し、そのおかげで自分でも知らなかった能力に気づくことができた。代案のなさが与えてくれたチャンスだ。

あとでわかったことだが、私にもセンスや瞬発力がないわけではなかった。センスや瞬発力は一般的な意味以外にも、複数の意味をもつことがわかったのだ。

代案がないことは決して愉快なことではないが、かといって避けるべき最悪の状況でもない。子どもが危機に陥ると親が怪力を発揮して子どもを救うように、代案のない切実な状況に置かれると、ふだんは使うことのない能力を引き出して使うことになるからだ。

振り返ってみると、人生は常にすべてをさらけ出してはくれない。切実な気持ちで最後まで駆け抜ける者にだけ、中身を見せてくれるのではないかと思う。一人あたりの国民総所得が3万ドルを超えた先進国の国民がそこまで必死にならなきゃならないのか、もう少し余裕をもって生きてもいいんじゃないか、そんな声が聞こえてきそうだが、国が先進国になったところで私たちはいま、一度きりの人生を生きている。だから自分の人生に最善を尽くすのだ。

私たちは、道がどこへと続いているのか知らないまま歩みはじめる。遠くからは道がないように見えても、近くで見ると二手に分かれていることもあるし、険しい道かと思ったらじつはゆるやかな道なこともある。だから選べなかったからといって、追い払われたからといって、絶望する必要はない。過ぎてみれば、代案のなさがすばらしい代案となることもあるのだから。

すべてを短絡的な視点で判断してはいけない。物事には良い面も悪い面もあるように、いまはただ苦しいことも、あとになって楽しくなる可能性もあるのだから。それまで気づかなかった自分の能力や好み、甲斐性に気づけるチャンスという意味においては、代案がないことをひたすら悲しんだり、憤ったりする必要はないだろう。

継続させる力

私と同じように、後輩たちも年を重ね、すでに20年、25年と仕事を続けている。私は第一企画で29年間働いて「卒業」したから、第一企画でのキャリアだけで言えば、私より長く働いている後輩もいる。

とはいえ、私は卒業のような退職をしたあとも書店のオーナーとして働いているので、働きはじめてからかなりの年数がたった。だからだろうか、なぜそんなに長いあいだ働いてこられたのかという質問を受けることがある。私にも試練がなかったわけではないが、なぜ途中で諦めず歩みつづけられたのか、一つの仕事を継続させる力はなんなのか、振り返ってみよう。

つらくても、その仕事をする理由

私はいくつかの媒体に定期的にコラムを寄稿しているのだが、締め切りが近づくと胃がキリキリと痛む。今回はうまく書けるだろうか、それとも錆びついた機械のようにぎしぎしと音を立てるだろうか……。頭のなかの考えを文字に起こすだけで済むときもあれば、書きたいことがはっきりしているのに筆が進まないときもある。満足のいく文章を書くのはじつに骨の折れる作業なので、もう二度と書かないぞと決心することもしばしば。それにもかかわらず、いまだにこうして書いているけれど。

文章を書くことだけに限らない。自分の意思で始めたことでも、うまくいかないと投げ出したくなるときがある。とはいえ、そのたびに諦めたりはしない。それならなぜ、つらくてもしがみつくのだろう？　つらくても仕事を続けるのは、その仕事が好きだとか、生活費を稼ぐためであることが多いだろうが、それがすべてではない。私の場合は、約束や責任感も大きな原動力になったからからだ。

何かをするとき、好きすぎるがあまりに取り憑かれたように取り組む姿はもちろん輝いて見える。ただ、私にとって一つのことを長く続ける原動力は、ときに「やらなきゃという気持ち」であり、責任感だった。拍子抜けしただろうか？　でも、紛れもない事実だ。

やりたい気持ちと同じくらい、私はやるべきこと、やろうと思ったことを成し遂げる気持ちと意思を高く評価する。とくに、複数人で働く場合はなおさらだ。たとえ一人で働くフリーランサーでも、最初から最後まですべて一人で完結する仕事はない。組織に属さず、自由に時間が活用できるだけで、フリーランサーも関係のなかで働いているのは同じだ。つまり私たちはみな、サッカーや野球のようなチームスポーツをする選手なのだ。

やりたくない仕事をしながら生きていくぞ、という人はいないだろうが、最近の若い人はとくに、自分の望む仕事をしながら生きていきたいと強く思っている。ただ生計を立てるためだけではなく、おもしろい仕事、心から求める仕事をしたがる。しかし、長いあいだ楽しみながら達成感も得るには、「やりたい」という気持ち以外にも考慮すべきことは多い。

情熱の別の意味

私は、「幸せ」や「情熱」という言葉があまり好きではない。少し暑苦しいからだ。私自身、仕事で誰より結果を残したくて後先考えずに必死に働いてきたけれど、自分は情熱的な人間かと訊かれるとよくわからない。

先日読んだ、松家仁之の小説『火山のふもとで』（新潮社、2012年）が思い出される。設計事務所を舞台に、そこで働く人々や彼らの思い、感情、出会いと別れを描いた作品だ。

設計事務所の所長は、多くの人に尊敬される有名な建築家。彼は「建築は芸術ではなく現実」だと述べ、実際にその建築物を利用する人々が少しでも便利になるよう苦悩を重ねる。建築分野のように誰がつくったのか知らせなければならない仕事は、自己表現の一つとして捉えられがちだが、小説のなかの老建築家は、目を引く建物や、建築家にスポットライトが当たる建築には興味を示さない。そのような態度は、とくにコンペにおいては決して有利ではないが、彼はお構いなしに自分が大事に思うものに、自分のやり方で没頭して最善を尽くす。

仕事とはなんで、仕事をうまくやるとはどういうことか、この小説では一度も明言していない。しかし私は物語を読むあいだじゅう「仕事」のことを考え、情熱的という言葉を見つめ直すきっかけになった。どれだけ時間がかかっても、どれだけ大変でも、自分の意志を曲げずに続けること、自分で決めた道を歩みつづけること。メラメラと炎を上げるイメージとはかけ離れているが、私はそういう姿こそが情熱ではないかと思う。

韓国で「情熱」という言葉が広く認識されはじめたのは、おそらく20年ほど前からではないだろうか。漢陽《ハニャン》大学国文科のジョン・ミン教授の『狂わなければ成し遂げられない（미쳐야 미친다）』が広く読まれたことがきっかけだ。そのころから、企業は社員が仕事に情熱を傾けるように声高に叫び、私たちはある分野で成功した人を称賛するとき、何より彼らの情熱を強調した。

しかし、情熱という言葉には誤解を招きやすい部分がある。「熱」という字のせいだ。私たちは情熱と聞くと、おのずと燃え上がる闘志のようなものを想像する。

ただ現実はマラソンに近く、職場でのやりがいは時間とのにらみ合いであることが多い。うまくいきそうでうまくいかず、一生懸命やったのに評価されずに落ち込んで絶望する時間の連続。そうしているうちに、わずかな成果や成長という実を結ぶ。たいていの場合、仕事を始めるきっかけは「好きな気持ち」に違いないが、始まりとやりがいのあいだの道は、決して平坦なものではない。

続ける気持ちをのぞいてみる

そういえば、この話を恋愛と結婚に落とし込んだ小説がある。アラン・ド・ボトンの小説『ロマンチックな恋愛とその後の日常（The Course of Love）』だ。恋に落ちると、相手と日常を共にしたいという気持ちが湧いて結婚する。このときも、始まりは好きな気持ちだ。

しかし、生涯夫婦として暮らしていくのは簡単ではない。だからだろうか。幾多の困難にも負けず、好きな気持ちで結ばれた縁をつないでいく秘訣は何かと訊くと、どの夫婦も口をそろえて次のように答える。相手に対する義理、やるせなさ、責任感、ときには愛憎が、大切な家族としての縁をつなぐのだと。日常はロマンチックではない。

2022年を熱く盛り上げたドラマ『私の解放日誌』で、チャンヒは、成功すれば大金が手に入るであろうビジネスチャンスを自ら手放し、しばらく苦労する。知り合いの死を看取るために、ずっと準備してきた事業のチャンスを諦めたのだ。なんでこんなことをしたんだ、という友人の質問に、彼は「俺はなんでもかんでも正直に話すだろ？　でも、この件に関しては何も言いたくないんだ。舌の先まで出かかった言葉をぐっと呑み込んだ瞬間から、人は大人になれるんだ」と答える。

私は彼の言葉にこう付け加えたい。人は、目に見えるものの裏側を見たときに大人になるのだと。

好きで始めた仕事を継続し、ようやく実を結んだとき、その裏側にはさまざまな思いが混在している。義務を果たし、約束を守り、迷惑をかけず、やると決めたことは何がなんでもやろうとする心。また、同僚たちから評価され、組織の役に立つ人間になりたいと思う気持ち。成長しつづけて、いつか「ク氏」〔『私の解放日誌』の男性主人公〕のように活躍したいと思う気持ち……。

好きな気持ちは何かを始めるきっかけになるが、その仕事を成し遂げさせるものは、決してロマンなんかじゃない。大人なら、好きな気持ちの裏側にある、続ける気持ちにも目を向けよう。

自分でも自分の気持ちがわからないときはひとまず書く

重要な選択や決定を前にして、おろおろしてしまうことはないだろうか？　そんなとき、先輩や友人に心ゆくまで打ち明けると、心が軽くなる。頭のなかも整理された気がする。でもよく考えてみると、先輩や友人はたいしたアドバイスはしていない。どういうことだろうか？

次のような経験もあるかもしれない。文章を書くときは、伝えたいキーワードやおおよその内容を頭のなかに入れてからキーボードを叩きはじめる。ところが書いているうちに、書く前は思いもよらなかった文章の数々が浮かんでくる。キーボードを叩く手が追いつかないほど次々に。私自身、「こんなことを考えてたんだ」と驚いたことが何度もある。自分のなかにあった考えなのに、書いてみるまではわからないものも少なくない。

問題を客観視する過程

人の行動は無意識が90パーセントだという。つまり、人は自分のなかで起きていることの10パーセントしか認識してないという意味だ。残りは自分でも知らないうちに進んでいるのである。

第一企画の国内部門を統括していたとき、ある後輩が私を訪ねてきた。私はその後輩が、数カ月前に中途採用で入社し、会社になじめていないという話を聞いていた。予想どおり、後輩は「前の会社とは仕事のやり方が全然違うし、上司とも意見が合わなくてつらいです。どうすればいいですか?」と悩みを吐露した。

私は、悩みをA4用紙に書き出すようアドバイスした。それからもし自分の好きなようにできるとしたら、どうしたいかについても書いてみるように伝えた。長くても構わないからすべて書き出して、全部書けたらまた来てくれという言葉を添えて。

1週間後、後輩がふたたび私のところにやってきてノートを差し出した。ざっと目を通すと、文字がびっしり書かれていた。1週間前と比べて心境の変化があったかどうかを尋ねると、後輩は「文字にしてみたらかなりすっきりした」と笑顔で答えた。私は続けた。「このノートはそのまま持ち帰って。チェックするために書かせたわけじゃないから。自分の直面している問題がなんなのか、何に苦しんでいるのかを正確に把握して初めて答えが見えてくる。でも、それは第三者にはどうしようもできないから。幸い、あなたは問題を把握して整理できたみたいだから、もう大丈夫」。後輩は満足そうな顔で部屋を後にした。

悩みがあるとき、誰かに愚痴をこぼしたり、助けを求めたりするにはまず状況を説明する必要がある。もし私が途方に暮れて、先輩に相談しにいくとしよう。「先輩、悩みがあるんです」「どんな悩み？　話してみて！」。すると私は、自分の置かれた状況や、困っていることを説明する。まさにこれが問題を明らかにする過程だ。頭のなかで入り乱れ、ぼんやりしていた考えを取り出す、つまり出力する過程。はたから見れば聞き手に状況を説明しているように見えても、じつは問題を客観視する過程なのである。

答えを見つける行為は、問題を明らかにするところから始まる。たいていの場合、問題が鮮明になればなるほど答えに近づくので、苦悩や困難に直面したら文章を書いてみるといいだろう。

文章を書くときは、感じたことをすべて書き出すことを意識するといい。最初の1、2行を書くと、そこからは文字を走らせる手が追いつかないほど、芋づる式に考えが出てくる。2枚でも3枚でも、いや、9枚でも10枚でも書いて、自分がそれまで気づかなかった思考を引き出すのだ。

すると、「私のなかにこんな感情があったんだ。そうか、これが問題だったのか」と驚くだろう。それまではなぜ気づかなかったかというと、前述のように人の行動は無意識が90パーセントで、意識はたった10パーセントにすぎないからだ。それほど私たちは、自分のなかで起きていることを知らずに過ごしている。それが常に意識しなければ、自分をよく認識できない理由だ。

自分を知って初めて、一歩踏み出せる

私にも、自分の気持ちがわからない時期があった。それは会社を退職し、「一人の時間」を過ごしていた時期だ。じつは私の退職は計画的なものだった。40代半ばに差しかかり、今後の人生をどう生きていこうか悩んでいた私は、数年後、ある結論に至り、２０１２年に会社を辞めることにした。ときが来た、と全身で感じたのだ。退職する数カ月前に会社に退職する旨を伝え、少しずつ準備して「卒業」した。

そんな自発的な退職だったにもかかわらず、会社を辞めてしばらくすると妙な気持ちになった。退職がもたらした「自由」が楽しめなくなり、うつ病のような症状も現れた。「クビになったわけでもないし、辞めたくて辞めたのに、どうしちゃったんだろう？　朝から晩までまるまる自分の時間で、行きたい場所に行って、会いたい人に会って、望んでいた自由を思いきり楽しんでくるくせに、なんで楽しくないんだろうか」。初めは理由がわからなかった。マインドフルネス瞑想をしたり、友だちに悩みを聞いてもらったりしながら時間を過ごした。

そんなある日、坡州《パジュ》のヘイリ村にある「カメラータ」を訪れた。タレントとして活躍したファン・イニョン氏が開いたミュージックスペースで、初めから音楽を鑑賞する目的で建てられた建物は天井が高く、床材には木が使われている。さらには1930年代のヴィンテージスピーカーが備えられており、クラシック音楽を鑑賞するのにうってつけだ。この世のものとは思えないほど甘美な音で音楽を聴くことができる。

不思議なことに、私はときおりこの場所を思い出す。なんとなく懐かしい雰囲気があり、弱気になると余計に行きたくなる場所だ。もちろんクラシック音楽は好きだし、質のよいオーディオ機材で音楽を聴く体験は特別ではあるけれど、そこに行くのは音楽鑑賞だけが目的じゃない。ただ座っているだけで、誰かに慰められるような気持ちになるのだ。

その日も、モヤモヤした気持ちを抱えてカメラータに向かった。車を50キロほど走らせた。その場所に座ってノートを取り出し、当時の気持ちをしたためた。ひたすら書いた。

十数ページ書いたところで、「あ……」と合点がいった。「私のなかにこんな気持ちがあったんだ。知らなかった。そのせいでモヤモヤしてたんだ」。くまなく書いて初めてわかった。

自分の気持ちに気づき、心が軽くなったら、あとは進むだけ。私はそうして書店を始めることになった。

よく、人の心はわからないという。ここでの「人」は他人の気持ちを指すが、むしろわかりづらいのは自分の気持ちのほうではないだろうか。

自分の気持ちがわからないとき、友人や先輩と議論するのもいいけれど、文章に書き出して整理してみてはどうだろう。奥底に埋もれて、容易には摑めない気持ちを、文章にして取り出すのだ。ひとまず書いてみよう！

自分に酔うな

本書で私は、まわりの基準に合わせることなく、自分の手にしているものを世界に欲しがらせようと伝えてきた。何をしようと、自分自身を起点にしようという意味だ。しかしそれは、自分勝手に振る舞うとか、世界は自分を中心に回っていると思い込むことを許容するものではない。むしろその逆だ。矛盾しているように見えるが、どういうことなのか説明していこう。

『七年の夜』（書肆侃侃房、2017年）を書いたチョン・ユジョン氏が、2021年に『完全な幸せ（완전한 행복）』という長編小説を出した。この作品も例に漏れずおもしろくて、一度読みはじめたら止まらなくなった。

彼女が〈チェ・イナ本屋〉でのトークイベントで聞かせてくれた話がとても印象深かった。私たちはみな、この世に一人しかいない唯一無二の存在だが、かといってそれは、私たちが特別な存在であることを意味するものではないと。多くの人が「唯一無二の存在」の意味を勘違いしていて、自分が特別だと信じ、他人より優れていると思い込んでいると。これらの考えを物語に落とし込んだのが『完全な幸せ』だ。

私のための天然防腐剤

チョン・ユジョン氏の話を聞きながら、私はおのずと会社に意識を向けていた。以前、職場にAという人がいた。仕事のできる人だったが、いつでも、どんな仕事でも完璧というわけではなく、あらゆるプロジェクトにおいて彼の貢献度がいちばん高いわけでもなかった。だから、彼が人事評価で常に最高ランクを得るべき理由はなかった。

ところが、本人の考えはそうではなかった。常に評価に不満を持ち、悔しがっていた。さらにはプライドが高いせいで意見の調整が難しく、一緒に働く人を困らせ、チームの雰囲気もよくなかった。自分を特別扱いするがあまり、自分中心に世界が回っていると思い込んでいた。

問題は、彼自身がこの事実をまったく認識していない点だった。認識していないがために、変わろうとする努力すらしないのは、客観的な自己認識や自己省察ができていない人の特徴だ。

数年前から、企業のあいだで持続可能な成長が話題だ。しかしこれは、仕事に情熱を傾ける個人にとっても重要な話題であり、目標になるだろう。その出発点は、客観的な自己認識だ。自分を冷静に分析すれば何をどう変えるべきかがわかるし、そのために努力できるから。

しかし、冷静な自己認識を邪魔するものがある。うぬぼれだ。私のいた会社は韓国一の広告代理店だったので、我こそはという「選手」たちが集まり、一年で数百本の広告キャンペーンをつくっていた。ところが、私たちのつくるすべてのキャンペーンが世間の人々の目に留まり、愛されるわけではなかった。事実、どの会社にいても、市場を揺るがすほどのキャンペーンは数えるほどしか出てこない。

だからキャンペーンを連続でヒットさせた人は顎を撫でる。まわりもその人をおだて、次のプロジェクトも頼むぞと言って笑顔を見せる。そういうことが続くと、知らず知らずのうちに偉くなった気になって天狗になり、他人のアドバイスを聞かなくなる。とんとん拍子の時間が長引けば長引くほど、まわりにちやほやされればされるほど、ますますうぬぼれる。

ここではっきりさせておくべきことがある。私たちの目標はただ「うまくやること」ではなく「長く、うまくやること」だ。企業が持続可能な成長を追求するように、個人も長く継続して初めて、よりよいチャンスに恵まれる。

怖いのは、「一度うまくいったから、次もうまくいくだろう」という誤解だ。一度や二度の成功に安心し、早くから偉そうにする人は結果を出しつづけるのが難しい。なぜだろうか？

成功に酔い、つけあがるからだ。自分はいつもよくやっていて、自分のやることは常に正しいと思い込んでしまう。お酒も、成功も、いったん酔うと分別がつかなくなり、判断力が鈍る。さらに以前の成功に目がくらむと、努力したり悩んだりする時間も少なくなる。「これくらいでいいだろう」といって簡単に妥協するので、それまでのようによいものを生み出せなくなり、やるべき仕事とそうでない仕事を区別できない。

周囲はそういう変化に真っ先に気づくので、最終的に見放される。自己研鑽や、やるべきことを放り出したりした人の運命だ。30年近く、会社で何度となく目撃してきた。

塩、ハチミツ、木材を燃やすときに出る煙……。これらの共通点はなんだろうか？　そう、防腐剤だ。食材を備蓄する技術が発達していなかったころは、これらを天然防腐剤として活用していた。昔の人々は食材を塩やハチミツに漬けたり、燻らせたりして長期保管した。

ところで、防腐剤が必要なのは食料だけだろうか？　私は、食料だけではなく人にも防腐剤が必要だと考えている。わずかな成功に酔ってあっけなく崩れたり、壊れたりしないように、自分をしっかり振り返って律すること。自分を過大評価しないこと。やるべきことをやっているか点検すること。そういう姿勢こそ、自分を抜かりなく守る防腐剤だ。塩などの防腐剤が食材の腐敗を防ぐように、自分自身に防腐剤を使えば自分に厳しい立派な人になれる。

感情にとらわれずに「なぜ」を問う

あなたは、多面評価を受けたことがあるだろうか？　組織のリーダーや上司の評価とは別に、一緒に働く同僚や先輩、後輩からも評価をしてもらうのが多面評価だ。

企業が多面評価を導入するのは、まず協働の重要性が増しているからだが、ほかにも、メンバーから評価してもらうことにより、自分を客観的かつ冷静に見つめて認識するためという理由もある。ある企業の社長は、私に役員教育を依頼したとき、「特別なことは望んでいません。自分をあるがままに、客観的に判断できるようにしてください」と言った。自分をあるがままに認識することは、それほど重要で難しいのだ。

もし多面評価が自己評価より低く、その差が大きいようなら、客観的に自分を認識するチャンスだと捉えよう。もちろん悔しくて腹が立つだろうが、そこで終わらずに「なぜ」を考えてみてほしい。

「ほかの人はなぜ私にこんな低い評価をつけたんだろう？　上司だけではなくて、同僚がつけた点数も低い。どうして？　私が傲慢だった？　自分で思っていたより出来が悪かったとか？　チームのためにやったことが、むしろ自分勝手に見えたのかも」

当然のことだが、怒りや悲しみを我慢せずに表現することは重要だ。感情に耳を傾け、反応することは私たちの心の健康に役立つ。しかし、もう少しマシな人間になりたいなら、感情にとらわれずに「なぜ」を問いただし、前進する必要がある。

私を見つめるもう一人の自分

ソウル大学精神健康医学科のユン・デヒョン教授と、コンサルタント企業のチャン・ウンジ社長による共著『リーダーのためのメンタル授業（리더를 위한 멘탈 수업）』でも、「自分の心をうかがう力」と正確な自己認識がリーダーの成長に欠かせないと強調している。

正確な自己認識のための第一歩は、じつは自分と距離を置くことだ。自分と、自分を見つめるもう一人の自分を分離すること。そして自問自答するのだ。自分からもう一人の自分を引き離し、じっと見つめ、絶えず観察して問いかける。一方の自分があまりに偏っていたり、利己的だったりすると、「それは自分本位なんじゃない？　まわりの人もそう思うんじゃないのかな」と、もう一人の自分が指摘する。

個人的には、気持ちを受け入れることも役に立った。おかげで感情に振り回されないようになった。生きていれば腹の立つこともある。人は怒ると「怒り」という感情の塊になるが、そうならないように感情と自分を分離して見つめるのだ。「あなたは怒ってるのね」あるいは「あなたはいま悲しいのね」「寂しいんだ」といった具合に、自分の状態を把握するのである。

大事なのは、知ると統制力が生まれることだ。怒ったことに気づくと、もっと言えば怒りを捉えると、その状態から抜け出せる。自分を把握すると、感情や偏った自己認識に固執することなく、客観的に自分を判断できる。もう少しマシな自分になれる気がしないだろうか？

私がゴルフを始めたのは比較的、最近のことだ。私が運動が苦手なうえ、ゴルフは時間がかかるから見向きもしなかったのだが、そのうち避ける理由がなくなってようやく始めることになったのだ。

コーチからトレーニングを受けることにした。スイングをするときに頭を上げないのはゴルフの基本中の基本だが、私がゴルフクラブを振るたびにコーチから頭を上げるなと小言が飛んでくるではないか。最初は素直にうなずいていたのだが、何度も同じことを注意されて思わず「上げてません！」と言い返した。

するとコーチが動画を見せてくれた。私がゴルフクラブを振るようすを撮った動画を見ると、思わず「動くな！」と言いたくなった。頭はもちろん、体も起き上がっていた。自分の姿勢に気づいてからは、頭を上げないように意識するようになった。

何かを変えたり、改善したりするために必要なのは自覚だ。自分がどういう状況かわからないと、「このままじゃダメだ」という気にもならない。客観的に自分を見つめ、理解するためには、「私はいまどういう状況にいて、しっかりやっているか」と、しきりに自問自答をするしかない。

何事も初めは思うようにいかない。でも、何度も繰り返して体が覚えるにつれて、自転車に乗るように自然に自問自答できるようになるだろう。私の場合は、常にもう一人の自分が私を見守っている。ストレスじゃないかって？　そんなことはない。それは無意識のうちにできるようになるものだから。

近道には罠がある

同じ目標を達成するのに、二つの道があるとしよう。一方は時間も労力もかかって、もう一方は時間も労力も少なくて済む。当然、後者を選ぶ人のほうが多いだろう。しかし、人生はそんなに甘くない。同じ目標を達成するように見えても、じつは前者と後者のあいだには大きな差がある。

『蓄積の時間（축적의 시간）』という本がある。イ・ジョンドン教授をはじめとするソウル大学工学部の教授26名が、半導体、ソフトウェア、エンジニアリングなど、韓国の各産業の現在を分析し、解決策を示す1冊だ。私は典型的な文系なので技術分野には見向きもしてこなかったのだが、ある日「蓄積」と「時間」というキーワードに惹かれてこの本を手にした。私はずいぶん前から、時間と蓄積が目標達成の核心になると考えてきたのだ。

著者はそれぞれ専攻が違うが、みな同じことを言っている。韓国は「ファーストフォロワー戦略」を駆使したおかげで世界10位に入る経済大国、先進国の仲間入りをしたが、そこまでだと。

数年前から韓国の産業は収益性が下がり、成長が停滞しているという。高付加価値を生み出すコア技術と、創造的なコンセプトを設計する力が欠けているというのである。

それを解決する方法として、彼らは「蓄積」というキーワードを示す。試行錯誤を経て経験と知識を蓄積し、熟成させる「創造的蓄積」を目指す社会システムと文化を構築するために、私たち社会は、「蓄積の時間」という社会的合意を形成すべきだという。

蓄積の時間を築いているか

私は十数年前、エジプトに行った。3週間、カイロをはじめとし、南部のルクソール、アスワン、アブシンベル、西部のシワ・オアシス、東部のダハブをあまねく巡った。最後にシナイ山に登った。山の頂上で日の出を見ようとまっ暗な険しい山道を歩いた。ときおり、ラクダに乗って山を登る人たちを見かけた。

シナイ山は、険しいという言葉では言い表せないほど荘厳で荒涼としていた。キリスト教やイスラム教のような宗教がなぜその近くで生まれたのかがわかる気がした。自分という存在があまりに小さく、つまらなく感じられて、神にひれ伏さなくてはならないような気分になった。怖くて体が震えた。畏れを感じながら歩を進めていると、客引きをしていたラクダ使いが私を見ていきなり「早く早く《パルリパルリ》」と言った。

シナイ山はモーセが十戒を授かったとされる場所であるだけに、キリスト教徒にとって聖地のような場所だ。韓国のキリスト教徒もたくさん訪れるため、エジプトのラクダ使いが「パルリパルリ」を覚えたのだ。そう、韓国人が昔から「パルリパルリ」を叫び、体現してきたおかげでいまの私たちがいる。

その影響だろうか。私たちは答えを探すときもすぐに使える具体的な方法や、ただちに効果が出るやり方を知りたがる。そんな人にとっては、「蓄積の時間」は抽象的で期待外れかもしれない。

しかしどんな仕事であろうと、一つずつ経験を重ねて蓄積しなければ、時間と努力を注いで自ら悟らなければ、自分のものにはならない。海外の似たような事例やアイデアを使うだけでは、なかなか前進できない。

一見すると似たように見える問題も、細かい部分はすべて異なるため、誰かの成功事例を当てはめるだけでは通用しない場合も多いのだ。だから問題を解決するためには、問題の核心を自問し、ぴったりの答えを見つけなければならない。

しかし、こういった能力はある日突然、空から降ってくるものではない。蓄積の時間を糧に成長するのだ。費やすべき時間、注ぐべき苦労があって初めて育つ能力なのである。これらなくして近道だけを望むのは……。これまでの経験をもとに、私は近道には罠があると考えている。

江南駅には学習塾が密集している。ある日、いつものように駅前を歩いていると、さまざまな看板が視界に飛び込んできた。短期集中の英語塾、短期集中のＴＯＥＩＣ対策講座……。短期集中を売りにする学習塾ばかりだ。それだけ短期という言葉に惹かれる人が多いのだろう。だが、短期集中の英語塾に通えば本当に英語がうまくなるのだろうか？　もちろん、目前に迫った試験対策としては効果があるかもしれないが、はたして本当の意味で英語がうまくなるかは疑問である。

私はときどき講演をするのだが、講演後の質疑応答では「どうすればいいのか」と具体的な方法を聞きたがる人が多い。

私の話には具体的な方法は出てこないものの、問題の見つめ方や姿勢に関するアイデアが詰まっている。じつは、あとのことは行動に移すかどうかにかかっているのだが、それでもやり方を尋ねる人がいるので、私はそのたびにどう答えようか悩んでしまう。

ただ、なすべきことをせよ

ここで少し挑発的な話をしようと思う。すぐに効果が出る具体的な方法を求める心は、もしかしたら努力せずに何かを成し遂げようとする心ではないだろうか。問題を解決し、成果を出し、成長するためには、本人が時間をかけて努力する必要がある。ところが、それには労力も時間もたくさんかかるし、うまくいくかどうかもわからないから「近道」をしたがるのではないか。あ、あちこちから非難の声が聞こえてきそうだ。

ナイキのスローガンは、1988年からいままで「JUST DO IT」だ。ナイキは「動け」あるいは「挑戦しろ」というメッセージを込めたのだろう。しかしこのスローガンには、「考えてばかりいないで行動しろ」「心配せずに、ひとまずやってみよう」「やりたいことをやりなさい」「ただ、なすべきことをせよ」など、より幅広い意味が込められていると感じる。だからこそ偉大なスローガンだと思う。

なかでも、「ただ、なすべきことをせよ」にフォーカスしてみよう。たいていの場合、なすべきことは近道とはかけ離れている。果てしなく、ゴールが見えないことも多い。それでもやるしかない。

中国の侵略から逃げるため、ヒマラヤを越えてインドへ行ったチベットの老僧がいたという。驚いた人々が老僧に「なんの準備もなしに、どうやって険しいヒマラヤを越えたんですか？」と尋ねると、彼は「一歩一歩、歩いてきました」と答えたそうだ。

私は数年前、高位公務員試験を控えた事務官たちを対象に講演を行った。講演で私は次のように述べた。国民は優秀な公務員を抱える権利があるから、これからもよい仕事をしてほしいと。よい仕事をするためには、なすべきこと、して当然の仕事に心を込めるようにと。

近道は悪いのか、という質問が来るかもしれない。私が思うに、努力なくして手に入れるものには、中身が伴っていないものもあるのではないだろうか。煮込む時間が足りなくて味の薄いスープのように。

そう、近道には実力や努力が積み重ならないという罠がある。だからこそＪＵＳＴ　ＤＯ　ＩＴ！　ただ、なすべきことをするのだ。それこそが確実に成果を出す秘訣だ。

私は専門家か

広告代理店にいたころ、クライアントからよく訊かれたのは、プレゼンの内容や広告のアイデアに関する質問ではなく、「あなたたちは専門家だから、この広告を出せばどれくらい売り上げがアップするのか」や「広告の効果について、専門家としてもっとはっきりした意見を聞かせてくれ」という質問だった。

そのたびになんとか意見を述べたが、頭のなかでは「私は専門家なのか？」と思っていた。それは、クライアントが私を専門家として認めるかどうか以前の問題だった。また、会社が私たちを専門家扱いしていなかったという意味でもない。むしろ「世間は私を専門家と呼ぶが、本当にそうなのだろうか？　私は専門家にふさわしい結果を出しているだろうか？」という自問だった。

私はいつも自分に自信がなかった。それなりに評価してもらったにもかかわらず、「専門家」という単語を前にすると身がすくんだ。それは、私が謙遜していたからではない。では、私は専門家をいったいどんな人だと思っていたために、そんなに自信がなかったのだろう？

私はまず、「専門家」という漢字に注目した。「専」には一つのことに気持ちを集中させるという意味がある。誰かと共用ではなく、一人で使うという意味の「専用」もこの漢字を使う。さらには「ただ、ひとえに」という意味もあるので、専門家は一つの分野を極めた人、その分野について深く知っている人を意味する。

しかし、社会は少しずつ複雑になっているので専門家の力だけで問題を解決するのは難しい。それに、ほかの分野と交流せず自分の分野だけを深めていると、協働も難しくなる。ほかの分野に対する興味や理解があってこそ、対話や討論、協力が可能だからだ。

次に私は、「専門家は代行する人」と考えるようになった。例を挙げてみよう。専門職の代表である弁護士は、依頼人に代わって裁判をし、医師は自分ではなく患者の病気を治す。

広告業も同じだ。私は自分のために広告をつくっていたのではない。売り上げやブランドの認知度アップという課題を抱えたクライアントに代わり、広告をつくって問題を解決した。つまり人々が専門家に期待するのは、自分で解決するよりもよい結果である。

そのため専門家は、少なくとも依頼人が自ら問題を解決するときよりマシな、彼らの期待に応える結果を出す必要がある。私はさらにもう一歩踏み込んで、専門家とはその分野の問題を解決する人だと定義したい。

専門家をこのように見つめるのは、専門家をたんなる博識な人ではなく、高確率で問題を解決する人だと認識することだ。私は広告の専門家としてクライアントのさまざまな悩みを解決する必要があったのだ。だから私は、そのような定義を前に自信をなくし、答えをためらっていたのである。

「仕事ができる人」

広告代理店の最終アイデアは、絵コンテでつくることが多い。企業間の競争は激しさを増しており、またクライアントの理解を助けるために企画案を映像でつくることも増えているが、基本は絵コンテが使われる。私が現役のときはテレビCMが中心だったので15秒、30秒用の絵コンテをよく描いた。

B4ほどの用紙にテレビ画面のような枠があり、そこにビジュアルアイデアを描いていく。入社して数年たつと、誰でもコンテを描けるようになる。

ただし、ここで留意すべき点がある。私たちは仕事ができる人を「敏腕」や「あの人は仕事ができる」と表現する。ここでの「できる」は当然、有能であることを意味する。

ところが、実際はたんに「仕事のやり方を知ってる」だけの人も少なくない。そういう人は、仕事のルール、順序、最終形態などを把握しているにすぎない。有能を意味する「できる」とは大きな差があるのだ。

それなら、両者の違いはなんだろう？　一言でいうなら、問題解決力の有無だ。

先ほど述べたように、広告代理店の制作パートで数年以上働いた人は絵コンテが書けるようになるが、それは彼らのつくった絵コンテや広告が消費者に深い印象を与え、製品の売り上げや認知度をアップするという意味ではない。絵コンテを描くことはできるが、結果までは担保できない。そこにどんなアイデアを盛り込むかによって結果は千差万別なのに、これでは専門家とはいえないだろう。

しかし、人々はしばしば錯覚する。ある分野で一定の期間働けば専門家だと思い込む傾向があるのだ。たしかに、一日8時間労働を5年間続ければマルコム・グラッドウェルが提唱した1万時間の法則を超えるので、ある分野で大きな成果を出すには十分な時間と言えるかもしれない。しかし、はたして万人に当てはまるかどうかは疑問だ。

実際に問題を解決できるか

私の考えをまとめると、専門家とは造詣が深く、幅広い経験があり、問題をしっかり解決できる人だ。つまりその分野に関する経歴や知識、学歴は必要条件ではあるものの、十分条件ではない。ポイントとなるのは、「あの人に任せたら問題が解決するかどうか？」だ！

２００２年のＦＩＦＡワールドカップのときのヒディンク監督こそ、真の専門家といえるだろう。私たちは彼のことを優れたリーダーとして称賛するが、彼は韓国代表チームを初めてワールドカップベスト４に押し上げたサッカーの専門家だ。彼はワールドカップの本戦で結果を残したがっていた韓国サッカー界と国民たちの熱い想いを実現した。

では、もう一つ考えてみよう。ヒディンクはなぜそのような成果を出せたのだろうか？　サッカーに関する専門知識や最新情報をもっていたからだろうか？

半分は合っている。でも彼はそれ以外にも、リーダーとしての役割をきちんと果たした。サッカーはチームスポーツで、フィールドでの絶え間ないコミュニケーションが欠かせない。ところが彼が選手たちを観察したところ、先輩、後輩の上下関係が厳しく、互いにあまりしゃべらないことがわかった。それ以降、彼は選手たちを互いに名前で呼ばせ、部屋も一緒に使わせた。

選手たちのあいだにあった壁を取り壊し、問題を解決した。企業も規模が大きくなると部署間の壁が高くなり、コミュニケーションを取らないサイロ化が進むせいで頭を悩ますのだが、ヒディンク監督はこれを見事に解決したのだ。

それだけではない。ヒディンク監督が率いる韓国代表チームは、ワールドカップを前にした国際試合で負けつづけていた。大きな点差を揶揄して「5対0《オデョン》」というあだ名がつけられたほどだ。

しかし、彼は一切動揺しなかった。ふつうなら四方からの非難の声やプレッシャーに押しつぶされてもおかしくないが、彼はお構いなしに自分の戦略を推し進めた。むしろ「弱いチームと戦って勝つことになんの意味があるのか」と反発した。

結局、韓国代表チームは、ワールドカップ直前に開かれた親善試合でイングランド相手に1対1で引き分け、5日後に開かれたフランス戦では3対2で惜しくも敗れた。ワールドカップが始まる前から国民は歓喜し、韓国代表チームは最終的にベスト4に進出した。

専門家と聞くと、スタッフを思い浮かべる人が多いのではないだろうか。つまりリーダーのもとに、特定の分野を担当する専門家が別にいるという認識だ。しかし、私たちが解決すべき問題のほとんどは他人を介さなければならない。社会が複雑になるにつれ、一人で完結できることは少なくなり、どんな分野であろうとさまざまな人と協力する必要がある。

そんなとき専門家として成果を出すためには、まず一緒に働く人たちを動かさなければならない。リーダーシップの見せどころだ。ヒディンク監督をサッカーの専門家として紹介したのはそのためだ。

見つめる視線を広く、深く

自慢になりそうで少しためらわれるが、私にも同じような経験が何度もある。ある企業がスーパーマーケット用の化粧品を発売したときの話だ。その企業はもともと食品会社で、洗剤事業に参入して成果を収めたあと、化粧品事業にも目を向けた。

当時、韓国では化粧品は訪問販売あるいは百貨店、量販店に流通していた。この揺るぎない構造のせいで新興企業の参入は難しかった。そこでその企業は、薬局で化粧品を売る先進国の事例を参考にし、スーパーで販売する化粧品を発売したのだ。

初めは、有名な女優をモデルに起用してキャンペーンを展開したが失敗に終わった。新製品が出たらまずその存在を広く知らしめなければならないが、広告効果がまったくなかったのである。焦った会社は、ほかのやり方を探るためいくつかの広告代理店を集めてコンペを行った。

そのとき、我が社の代表CDを務めたのが私だ。CDとはクリエイティブディレクターの略語。広告制作全般を指揮するリーダーで、CDによっては戦略を取り仕切ることもある。私にとってこの仕事の魅力は幅広い経験ができることだったので、制作だけでなくキャンペーン戦略を考え、コンセプトを決める仕事ももれなく担当した。

そのとき私たちが出した戦略の骨組みはこうだ。女性消費者にとってスーパーは生活必需品を売る場所。しかし化粧品は美容用品なので、スーパーで売るといったら認知のズレが起きる。よって、この認識と観点を変えれば製品は成功する。

私は次のようなコピーを書いた。

女性：おかしいですよね？

男性は化粧品を贅沢品だと思っています。必需品なのに。

私は今日、スーパーでとってもいい化粧品を見つけました。

シンムルナラです！

でも、どうしてスーパーかって？

必需品ですから。お肌の必需品！

ナレーション：お肌の必需品、シンムルナラ。

スーパーにあります。

いまとは流通だけでなく競合関係や化粧品に対する認識など、ありとあらゆることが異なっていた1995年の話だ。当時、コンペで示した私たちの戦略と広告は、一切の修正なくそのまま撮影が進み、放映された。

私たちは有名な女優に代わって無名のモデルを起用した。はっきりした目鼻立ちよりも、理知的な雰囲気が印象的なモデルを活かし、それまでとはガラッと変わった化粧品広告をつくった。当時はモデルが口をつぐんでビーチに寝転がっている広告が一般的だったが、私たちはメッセージを前面に押し出した。そのとき私たちの見つけたモデルが、イム・サンア氏だ。いまはアメリカでハンドバッグの事業家として活躍しているという。

過去のものとは差別化された新しい広告だったことは紛れもないが、何より、私たちの投げかけたメッセージが消費者たちから大きな共感を得て、この化粧品ブランドは成功を収め、事業も安着した。その後、そのクライアントから立てつづけにほかの商品の広告依頼がきたので、キャンペーンは成功作といえるだろう。「お肌の必需品」というコンセプトとコピーでスーパーで販売する違和感を取っ払い、売り上げにも貢献した、一言でいえば問題解決に成功した広告だった。

成果を出し、答えを見つける際に最も重要なのは、その仕事の要点をはっきりさせることだ。あなたも「私は専門家だろうか?」という質問を投げかけながら、専門家を見つめる視線を広く、深くしていってほしい。さらに自分にはどんな能力があり、どんな問題を解決できるかも一緒にうかがってみよう。

不確実性、少数精鋭を選りすぐるための果てしない試練

私たちは生きとし生けるものとして、一箇所に留まることなく動きつづける。他者や環境に影響を受け、反応し、適応して変化しつづける。にもかかわらず慣性に支配される私たちは「現在」がこれからも続くと考えるが、じつはそうでないことも多い。極端な例だが、大規模な航空事故が起きたとき、わずかな差が生死を分けることもある。それほど私たちの人生は一寸先も見えないのだ。

私が思うに、生きるとは不確実性との闘いで、霧のなかから求めるものをたぐり寄せるようなものだ。とはいえ生易しいものではないから、不確実性は毎回私たちを試し、この試練に通過できないと未来が大きく揺らぐ。

崩れることなく耐える心

私が書店のオーナーになってからもう8年がたつのに、いまでも私には第一企画の副社長、サムスングループ最初の女性役員という経歴がついてまわる。ここで、こんな問いを投げかけてみよう。私は、自分がサムスングループの役員になると知っていただろうか？ 知っていたから、揺らぐことなく仕事に没頭できたのだろうか？

答えは「そんなはずが……！」だ。どちらも間違っている。まず私は、自分が副社長になるとは思っていなかった。わかるはずないといったほうが正しい。誰が未来を予測できるだろう。

それから、私は働くあいだ何度もぐらついた。仕事の意味について悩み、自分の描く未来やビジョンが見えなくて苦しんだ。２０１１年、サムスングループが大学生を対象に企画したトークコンサート「情熱楽書」に、私も登壇することになった。そのときの講演名は「揺れずに咲く花がどこにあるのだろう（흔들리지 않고 피는 꽃이 어디 있으랴）」。詩人のト・ジョンファンの詩から拝借したタイトルで、私の心情をうまく表している。

私に褒められるべきところがあるとしたら、それは役員になったことではなく、先行きが不安ななか、くじけず努力しつづけたことだと思う。あらゆる成果は、果敢に挑戦し、逆境にへこたれなかった結果でもあるから。

2015年に公開した映画『暗殺』はご覧になっただろうか。チェ・ドンフン監督が演出を担当し、ハ・ジョンウ、イ・ジョンジェ、チョン・ジヒョンなどの名だたる俳優陣や、見応えあるストーリーのおかげで観客数は1000万人を超えた。

この映画で、深く印象に残ったセリフがある。イ・ジョンジェ氏が演じたヨム・ソクジンのセリフだ。ヨム・ソクジンは若いころに独立運動を行うが、のちに変節し、仲間を日本の警察に売り渡す。解放後、そのときの罪を問われて裁判に出廷した彼に、以前の同僚が「どうしてあんなことをした？　なぜ仲間を裏切った？」と詰め寄った。すると彼は「知らなかったから。解放されるとは思わなかったから」と答えた。

どんな理由があれ、仲間を裏切り、日本の密偵になったことは重罪だ。しかし「知らなかった」というヨム・ソクジンの答えは、深くうかがう価値があるだろう。この言葉は、たんに無知を意味するのではない。いつの日からか、自分のしている仕事から自分がいなくなってしまったのだ。命がけで独立運動をしているのに、はたして韓国は日本から独立できるのか、息の詰まりそうな努力と闘争に意味はあるのか、不確実性におののいた。その不安な気持ちは心のなかで次第に大きくなっていき、彼はついにひざまずいてしまう。つまり、仲間の独立運動家を裏切った重罪は、不確実性という試練を前にして打ちひしがれたことに起因している。

平凡な私たちが、ヨム・ソクジンのように命がけで悩み、苦しむことはこの先もないかもしれない。しかし、重さこそ違うものの、私たちも日々試練にぶつかり、選択を迫られる。じつは悩みの大きさというのは必ずしも客観的なものではないので、誰でも自分の悩みがいちばん大きく感じられる。

目標達成のグラフは階段式

ヨム・ソクジンのような厳しい状況でなくても、私たちが何かに挑戦し、目標を立てるたびに不確実性はつきまとう。未来がわからないという点においても、自分がどうするかによって結果が変わるという点においても、未来は開かれていて不確かだ。この不確実性は私たちの味方というよりはむしろ、障壁になる場合が多い。

私はよく自問自答をするのだが、不確実性についても、長いこと考えたすえに「目標達成のグラフは階段式」という考えに至った。何かをやろうと決心する人は多いのに、なぜ最後までやり遂げる人は少ないのだろう、と疑問を抱いたせいでもあった。

なぜ階段式というのか、次ページのグラフを使って簡単に説明しよう。縦軸を成果、横軸を努力としたとき、すぐに成果が出るならグラフは45度の直線を描くだろう。しかし実際には、努力

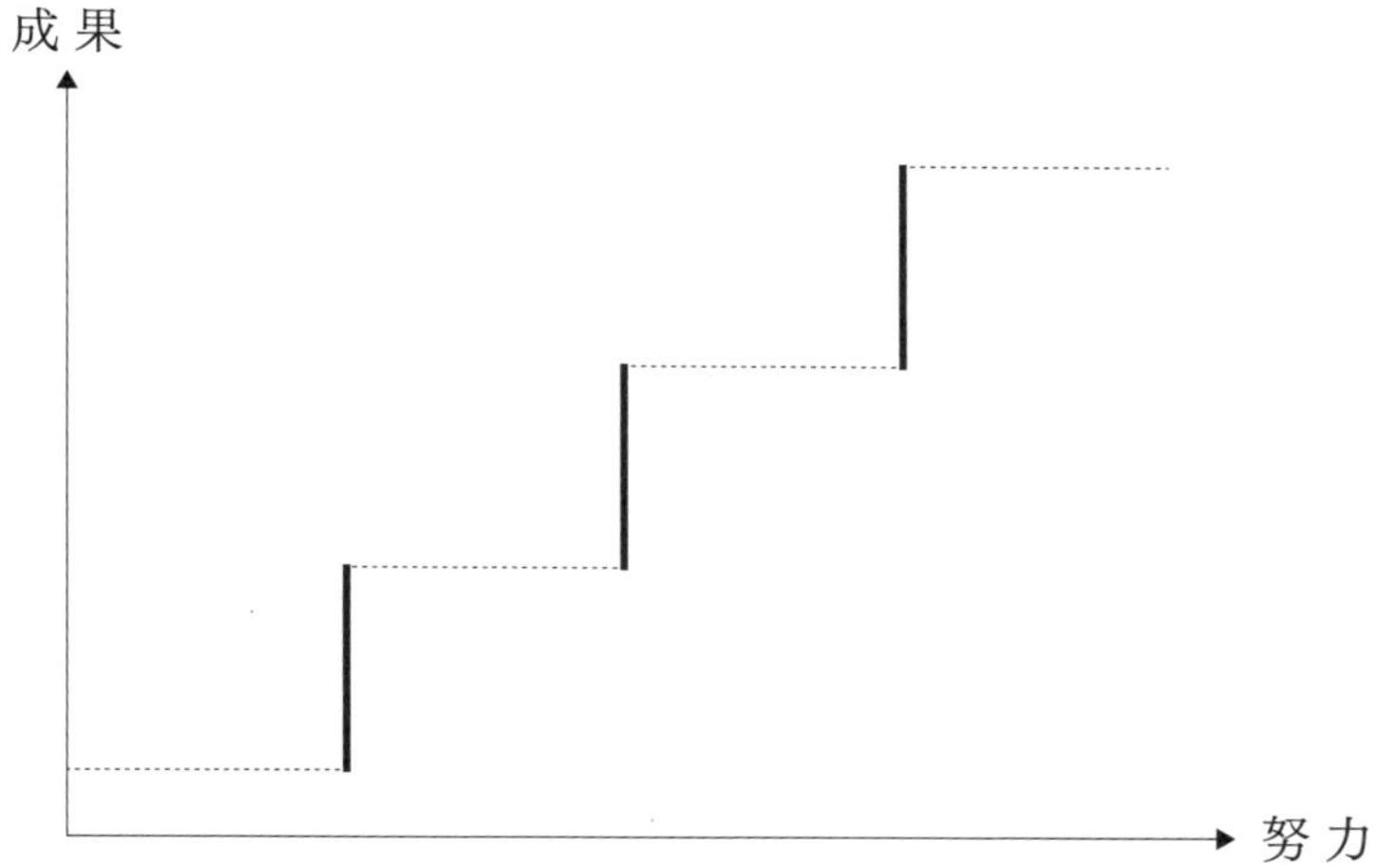

しても成果が出ない区間が続く。そしてある日、わずかに成果が見えはじめる。続けてよかったと安堵したのも束の間、時間がたつとまた停滞の区間に突入する。努力をしてはいるが、結果が出るかどうかわからないもどかしい区間。グラフの点線で示した部分だ。

ここで多くの人が諦めたり、心が折れたりして背を向ける。私はこの区間に「不確実性の区間」という名前をつけた。ところが、これらの区間は一度や二度で終わらない。やっとうまくいきそうだな、と思ったらまた滞り、道を見つけたと思ったらまた停滞する。これをつなげると階段式のグラフができあがる。

この停滞の区間、私なりに言い換えた「不確実性の区間」は、挑戦しようとする人の前に何度となく立ちはだかる。そのため、この区間に突入するたび、少なくない人が懐疑のすえに諦めたり、脱落したりする。始める人は多いけれど、最後まで達成する人が少ない理由を私はこの不確実性のグラフで説明する。

では、そもそもなぜ目標達成のグラフは45度ではなく階段式なのだろうか？　私はまた自分に問いかけてみた。そしてある日、「少数精鋭を選りすぐるための果てしない試練」というフレーズを思いついた。「本当にやりたいの？」「つらくても、どうしてもやるの？」。これらの質問に「はい！」と答える人、切実な人にチャンスを与えようとしているのではないかと考えるようになったのだ。

私の考えが事実かどうかは重要ではない。私はいままで働きながら、さまざまな問題に直面するたびに問いかけた。いったいどうしてなのか、何を意味するのかが気になり、それらは質問になり、私のなかにいつまでも残った。これかな、それともあれかな。時間がたつにつれて少しずつ考えも整理されていった。疑問を抱いたら思考が熟成され、最終的に心構えを得た。

私は自問自答を通じて進むべき道を選んできた。他人の意見ではなく自分のなかで熟した意見だったので、丈夫で頼りがいがあった。さらには、道理を理解すると統制力が生まれ、それがふたたび原動力になった。そうしてまたしばらく歩きつづけた。

だからもし遅々として進まず、続けるかどうしようか迷っているなら、それは不確実性の区間に足を踏み入れたのかもしれない。そんなときは「私はこの仕事を本当に、心からやりたいんだろうか？　あるいはやらなきゃならないんだろうか？」と自問自答しよう。それらの質問と模索こそ、すぐに使える方法よりよっぽど強力なエンジンとなってあなたを支えてくれるだろう。

もう少し行ってみよう。
もう少しだけ。
最後まで行って、
初めてわかる貴重なものがある。
それらの時間を過ごしたあとの私は、
いまよりはるかに成長しているはずだ。

第6章

人生の決定的な瞬間を越える方法

PIVOTING

主軸《ピボーティング》

時間は減っている!

第一企画にいたころから、新聞社や雑誌社からの依頼でときどきコラムを寄稿した。書店を始めてからは本の推薦文を書いてくれという依頼が増えた。私の書いた推薦文もかなりの数になった。

推薦文の執筆を頼まれる本の内容を見ると、依頼主が私をどんなふうに見ているかがよくわかる。最近は、103歳の哲学者が人生に必要な知恵を授ける『キム・ヒョンソクの人生問答（김형석의 인생문답）』の推薦文を書いた。私もずいぶん年を取ったものだ。

若さは与えられ、老いはつくられる

私のいた広告業界は、時間の影響をおおいに受ける。同じ映像作品でも『ドクトル・ジバゴ』や『ローマの休日』のような映画は、数十年前の作品にもかかわらずいま観てもすばらしい。し

かし広告は、以前の作品を見るとださいと感じることが多い。おもに最新の感覚やトレンドを反映しているので、すぐに古くなってしまうらしい。

時間を前にして色あせてしまうのは広告だけではない。働く私たちは、年を取ることを成長や成熟と受け止めずに、古くさいといって恥ずかしがる。そのことについて長いこと悩みあぐねていたとき、新たな道を見つけたような思いで書いたコラムがある。2007年『朝鮮日報』の「朝の論壇」に書いた内容を紹介しよう。

「すぐに過ぎるよ」困難に直面したとき、私たちはこの言葉を慰めにじっと耐える。私自身もそうだったし、仕事がうまくいかずに落胆する後輩を慰めるためにこう声をかけたこともある。ところが、すぐに過ぎるのはつらい時間だけではない。若さもたちまち過ぎ去ってしまう。だから、一時の若さを武器に使うのは愚かな行為だ。たちまち足場が崩れ落ちるとも知らずに城を築くようなものだから。

年を取ってもたやすく消えない自分の世界、世間の評判に流されない自分のストーリーをもつべきだ。そうすれば、困難な状況でも揺るがずに自分を守ることができ、「年を取る」という山も力強く登っていける。

早くにこのような英知を得たイギリスのある詩人がいた。彼は人生の奥深さを見きわめて次のように述べた。「若さは簡単だ。初めは、みな若い。年を取ることは簡単ではない。時間がかかる。若さは与えられる。老いはつくられる。年を取るためには、歳月に混ぜる魔法を生み出さなければならない」

これを読めばわかるように、年を取るとは、たんに時間を重ねればいいというわけではない。それなら、あなたはどんなふうに年を重ねていくだろうか？　いまこの瞬間も私たちは年を取っているから、一度考えてみる価値はあるだろう。

干し柿を食べるように時間を使っているのではないか

40歳前半を過ぎると、あらゆる面で変化があった。まず体の変化を、次に仕事の変化を実感した。ある日、会社が大きなプロジェクトを立ち上げるという噂を耳にしたので、当然私のところに話が来るだろうと思っていた。ところが、いくら待ってもなんの音沙汰もない。不思議に思って確認したらすでに後輩がプロジェクトを進めていた。そのあとも同じようなことが続き、私は次第にやる気を失っていった。

こういうときに訪ねてくる迷惑な客がいる。そう、スランプだ。スランプは決まって、仕事がうまくいかず、時間に余裕があるときにやってくる。私もそうだった。がむしゃらに走っていたら足をすくわれてしまった。心がざわざわし、焦燥感が募っていった。

その年の春、長めの休暇を取って東海岸に行くことにした。休みを取ればリフレッシュできるかと思ったが、気分はなかなか回復しなかった。美しい春の東海《トンヘ》に行ったのに、昼間もホテルにこもり、うとうととして過ごした。体はだるく、読もうと思ってもっていた本にも集中できない。ますますネガティブな気持ちになった。そのあとも気分は晴れず、仕事にも身が入らなかった。

ある日、鏡を見ると「目」がおかしなことに気づいた。輝きを失っているというより、うつろな目をしていた。それでも私は朝になると会社に行き、ぽつぽつと入ってくる仕事をこなした。「楽しくはないけど、常に楽しいなんてありえないんだし、やるべきことをやろう」と考えていたような気がする。

そうして憂うつな気持ちが続いていたあるとき、ふと「時間が減っている」と思い至った。私は「広告業界で働くにはもう若くない」「全盛期を過ぎたのかも」と年齢にとらわれてばかりいたが、それとは別の本質を見つけた。毎朝、重い体を引きずって通勤し、ぼんやりと日課をこなしているあいだにも時間が流れていること、いまこの瞬間も時間が減っていることを自覚したのだ。

生きることは、竹串から干し柿を抜いて食べるのに似ている。残っている日々から、一日一日を取り出して使う……。そして思った。もし貯金だけで生活せざるをえなくなったら、お金を節約するはずだ。できるだけ無駄を減らして、ここぞというときに使うだろう。時間はどうだろう？　人はいつか死ぬから、残りの時間はどんどん減っていく。それなら、その時間をやりくりして、大事に使うべきじゃないだろうか？　私は時間を大事にできているだろうか？

こう自問したらおのずと結論が出た。このままずっとうつろな目をしているわけにはいかない、こんなふうに時間を過ごすわけにはいかないと。

私は気が小さくて心配性だが、ときどき思い切った決断をし、行動に移すことがある。このときもそうだった。私は自分の心の声に耳を傾け、勇気を出してその声に従うことにした。45歳、常務になって6年目。退職を決心したのだ。

重要な岐路に気づく

もちろん怖かった。40歳半ばの女が、行き先も決めずに辞表を書くのは無謀に思えた。再就職先が見つかる自信もなかった。

それでも辞めることにしたのは、怖くなかったとか、自信があったからではない。自分の人生のほうがよっぽど大事に感じられ、自分が重要な岐路に立っていることに気づいたからだ。

私のいいところは、そういうときに背を向けたり、逃げたりせずに正面から答えをさがすところだ。そのときも私は、厳しい世界に自分を放り込むことにした。会社の外で自分の身に何が起こるのか、1歳でも若いときに挑戦してみようと心に決め、第一企画を去ることにした。

ところが、思いどおりにはいかなかった。退職の意思を伝えると、会社は1年間の休職を勧めた。私は数日悩んでその提案を受け入れることにした。退職の決心が変化したせいではない。自分に訪れるであろう変化を受け止めようという決心が変わったせいでもない。人生の決定的な瞬間に下した決心が、そうたやすく変わるだろうか？

私はひとまず休職し、時間を稼ごうと考えたのだ。そのほうが会社を穏便に辞められる気がした。そうして私はみんなからうらやましがられる1年の休職をすることになった。数カ月後、自分がどんな気持ちになるかをまったく予想できないまま。

歩いて、歩いて、また歩いて

休職をしてすぐは、特別なことをするわけでもなく過ごした。いや、一つ大事なことを忘れていた。念願の運転免許を取得した話をお聞かせしよう。

私は運動音痴なうえに機械にめっぽう弱く、はなから運転を諦めていた。万が一、誰かに危害を加えてしまうのが怖かった。ときどき助手席に乗る機会があると、運転の難しさを肌で感じた。赤信号で停止したときに先頭になったらどうしよう、高速道路の料金所は通過できるだろうか、狭い路地にどうやって駐車しよう。そういうとき私はモタモタするに決まってるから、運転はしないことにした。

私の友人も「運転は高い瞬発力が必要だから、やめておいたほうがいい」と私を強く引き止めた。一方で、ふらりとどこかに出かけるのが好きな私は、運転できないことによる不自由をだんだんと感じるようになっていた。

しかし免許取得までの道のりは長かった。筆記試験はすぐに合格したが、実技で何度も不合格になった。エンジンをかけられずに不合格になり、坂道を上れずに不合格になり、練習用と試験用の車種が違うせいで操作を誤って落第したこともあった。そして5回の不合格を経て、6回目でようやく合格した。どんな試験に合格したときよりも嬉しかった。

でも、免許証があればいいというわけではない。相変わらず運転への恐怖心が拭えずにいた私に、後輩がある講師を紹介してくれた。後輩もその講師のおかげで運転できるようになったという。

練習初日、講師は私を家まで迎えにくると、ソウル近郊の果川《カチョン》運動場まで車を走らせた。目的地に到着すると、講師は私を運転席に座らせた。

どうなったかって？　驚くべきことに、私は自分の運転する車で家に帰った。万が一に備え、助手席には講師が座った。かなり緊張したものの、実際に運転して道路を走ってみると「私にもできるかも」という自信がつき、希望のようなものがむくむくと湧き上がってきた。

私は人の3倍練習した。夜も、雨の日も車を走らせ、路地や大通りを走る練習もし、ようやく自信をもって運転できるようになった。休職中に免許を取った事実を知った後輩たちは、免許を取るために休職したのかと言って私をからかった。

免許を取り、車を買うことになった。周囲の意見は、「初心者ほど外車、高い車を買え。そうすればほかの車が避けていく」「いや、中古車を買って練習してからちゃんとした車を買ったほうがいい」と真っ二つに分かれたが、私は小さな新車を買った。中古車はなんとなく心もとなく、大きな車は乗りこなす自信がなかったからだ。

車を購入後、私は後輩たちに頼んで初心者マークをデザインしてもらった。彼らがつくったのは、「この車にはマダムが乗っておられます」と書かれたステッカー。そう、私のあだ名は「マダム」だった。本屋のマダムというフレーズは、ある日突然つけられたわけではなかったのだ。

そうして運転を始めた私は、この歳になって、車のおかげで享受できる自由を楽しみながらあちこちドライブした。いまさらだが、「前にハワイに行ったとき、運転できたらよかったのに」と思った。当時は免許がなかったので、おもにタクシーを利用し、シュノーケリングに行くときはリムジンが来たこともあった。

「空っぽの時間」を過ごす

休職を決めたとき、社長は私にアメリカの大学で勉強し、学位を取ることを提案した。しかし私はその場で、しばらくは何もせずに休むつもりだと断った。休職するあいだは新しい知識をインプットせずむしろ空っぽにし、必要なものを選りすぐるべきだと直感したのだ。社長は「なんて愚かな！」と言って残念がったけれど、私は少しのためらいもなく「空っぽの時間」を過ごすことにした。

ある人はうらやましがり、またある人は役員のくせに何が休職だと非難したが、私は人生で二度とない貴重な時間を過ごした。頭を空っぽにするには旅行がうってつけだったので、何度か旅に出た。

私が思うに、旅行の本質は「どこへ行くかではなく、いまいる場所を離れ、自分のいた場所を見つめ直すこと」だ。とはいえ、行き先はもちろん重要である。私はそのときどきで行きたい場所が変わったのだが、ヨーロッパの都市のような文化コンテンツが豊かな場所に惹かれるときもあれば、人工物ではない大自然に惹かれるときもあった。

私は心が示すとおりにした。会社員のうちは行きづらい場所、出張ではなかなか行かない場所、以前から行きたいと思っていた場所を巡った。シベリア鉄道に乗ってバイカル湖に行き、ハワイの海で心ゆくまでリフレッシュし、エジプトを1周したあと、紅海を渡ってヨルダン、シリア、トルコにも行った。そしてついに「あの場所」に向けて旅立った。

サンティアゴ巡礼を決心するまで

フランスのジャーナリスト、ベルナール・オリヴィエが書いた『ロング・マルシュ　長く歩く』

（藤原書店、2013年）という本がある。2000年に初めて刊行され当初は3巻で完結の予定だったが、その後、第4巻が発売された。

彼は『パリ・マッチ』誌、『ル・マタン』紙、『フィガロ』紙などで30年間記者として働き、66歳で退職したあと、ふつうなら思いもよらない場所を目指して長い旅に出る。

もっぱらの歴史好きで、とくにシルクロードに関心があった彼は、念願だったシルクロードを目指すことにする。それも歩いて！　彼はシルクロード1万2000キロを歩いた。シルクロードの終着点であるトルコのイスタンブールから中国の西安へ向かった。1万2000キロがどれほどの距離か、想像できるだろうか？　ソウルから釜山までの距離が323キロなので、1万2000キロが途方もない距離であることがわかるだろう。

彼は徒歩でシルクロードを制覇することにこだわった。ときどき、旅先で住民が彼を労って車に乗せてくれることがあると、彼はわざわざ徒歩でその場所に戻ったという。しかもシルクロードには、パミール高原やタール砂漠など、過酷な自然環境を強いられる場所も多かった。ところが彼は4年かけてシルクロードを歩き、中国の西安に到着する。

ところで、私がどうしてこんな事細かに説明しているかというと、同書は私にとって「決定的な1冊」だからだ。

私は本を読んで初めて「サンティアゴ巡礼路」の存在を知った。著者はシルクロード制覇に向けて、まずサンティアゴ巡礼を行った。サンティアゴ巡礼路は、フランス南部のサン・ジャン・ピエ・ド・ポーからピレネー山脈を越え、スペイン西部のサンティアゴ・デ・コンポステーラまで800キロにわたる巡礼路だ。毎日歩きつづけても、歩ききるのに1カ月はかかる。

サンティアゴはエルサレム、ローマと並ぶキリスト教の3大聖地。9世紀にイエスの12使徒の一人であるヤコブの墓所がサンティアゴ・デ・コンポステーラで発見され、スペインが聖ヤコブを守護聖人として崇敬するようになってこの巡礼路ができたという。とくに、スペインがサラセンに支配されていたとき、レコンキスタ、いわゆる国土回復運動が起き、毎年数多くのキリスト教徒が巡礼に訪れた。

私はキリスト教徒だが、当時は洗礼を受ける前だった。洗礼を受けて10年以上たったいまもナイロン信者〔信仰生活を送っていない信者を指す俗語〕だが、私のわずかな信仰心が、私をサンティアゴ巡礼路に向かわせた。

本を読んだ2000年のある日からずっと行きたいと思っていたが、そう簡単に行ける場所ではない。800キロを歩くのに1カ月以上かかるから、会社に属す人間にはなかなか捻出できない時間だ。だからいつか行こうと心に決めていた。

そして、ついにときが来た。休職し、世界各地でリフレッシュをした私は、ついにサンティアゴ行きを決めた。

しかし妙なことに、実際にサンティアゴに行くと決めたら、いまいち気分が晴れないどころか、だんだん不安になってきた。まるでホラー映画を見たり、ホラー小説を読んだりするときのように脈拍が速くなり、正体不明の不安が渦巻いていた。それでも私は航空券を予約し、トラッキングシューズと厚手の靴下、軽いバックパックを買ってサンティアゴ行きに備え、満を持して出発した。

「私はどうしてサンティアゴに行こうとしてるんだろう?」いくら考えても理由がわからなかったが、ある力に引っ張られているのを感じ、私はその力に自分を預けたまま飛行機に乗った。2006年5月26日、香港経由のパリ行き飛行機だった。

実際に巡礼を始めると、大事なものを忘れたことに気づいた。そう、体力だ! のちにわかったのだが、巡礼をする人たちはずっと前から運動をして体をつくるという。

そうとも知らず、私は愚かにも気持ちだけが先走り、運動といえば呼吸しかしていない体で無鉄砲にも巡礼を始めたのだ。直射日光が降り注ぐスペインの太陽のもと、毎日少なくとも16キロ、多くて34キロずつ歩く必要があった。もちろん、つらいことはわかっていたので、「最後まで歩かなくてもいい。つらかったら途中で戻ってこよう」と自分に言い聞かせた。

そうして私はフランス南部のサン・ジャン・ピエ・ド・ポーを出発した。結果はどうなったかって? 私は途中でリタイアしただろうか、それともサンティアゴに到着しただろうか?

最後まで行き着いて
ようやく見えてくるもの

サンティアゴ巡礼は「シンプルライフ」そのものだった。朝起きて朝食を食べ、荷物をもって6〜7時間歩き、次の宿泊先に到着したらシャワーを浴びて洗濯、本を読んで一眠りする。目が覚めたら近くの聖堂でお祈りをし、散歩をして早めの夕食をとり、床に就く。日々、このルーティーンを繰り返した。36日間、一度も同じところに滞在せずサンティアゴに向かって歩きつづけた。

太陽の国らしく、スペインの日差しはとてもきついので、できるだけ朝早く出発した。20〜30キロ歩き、午後1時ごろに次の宿泊先に到着すると、まずは全身の汗を流し、洗濯する。毎日、服が塩で白くなるほど汗をかいていた。物干しのロープに巡礼者たちの服がずらりと干されたようすは壮観だった。スペインの青空のもと、洗濯物はからっとよく乾いた。

冷たい飲み物で喉を潤し、軽く間食を食べたら宿泊所の庭に腰かけて足の水ぶくれをつぶす。500ウォン玉［500円玉と同じくらいの大きさ］ほどの大きさに丸く膨れ上がった水ぶくれを針で刺すと、ものすごい量の水があふれ出る。さんざん水ぶくれに苦しめられた私だが、痛みよりも不思議さのほうが勝り、「水がこんなにたくさん入ってるから、水ぶくれっていうんだ」とのんきなことを考えていた。

水ぶくれをつぶしたら、ほかの巡礼者たちとよもやま話をして過ごす。次の行き先の情報を共有したりもした。そして早めの夕食をとる。夕食にはいつもワインがついてきたので、あまりお酒に強くない私はちびちびとワインを口にした。

スペインの北部からスタートし、大西洋近くのサンティアゴへ向かう800キロ余りの巡礼路のシステムは、よく整備されていた。毎年、世界じゅうから訪れる数十万、数百万人の巡礼者が宿泊や食事を解決できるように、道沿いには宿泊所や食堂が点在していた。

サンティアゴ巡礼の出発地点であるサン・ジャン・ピエ・ド・ポーの事務局では、巡礼手帳を発行している。この手帳をもっていると、アルベルゲという巡礼者の宿泊所を低価格で利用でき、食堂では巡礼者用のメニューが提供される。1泊すると手帳にスタンプがもらえ、それを終着地点のサンティアゴで見せると巡礼証明書がもらえる。いまこの文章を書いているだけで、巡礼証明書を受け取った瞬間の感激がこみ上げてくるようだ。

熱い日差しが降り注ぐ道の上で

サンティアゴ巡礼は、シンプルライフであるうえ、毎日のように荷物をまとめて移動させる遊牧民生活だった。しかもバックパックを背負ったまま歩くので、あれこれ持ち運ぶことはできない。先に車で荷物を送り、身一つで歩く方法もあったようだが、私は36日間バックパックを背負って歩きつづけた。出発前にこれでもか、というほど荷物を減らしたのに、背丈の3分の2はあるバックパックはかなり重かった。

スペインは朝晩の気温差が大きく、真昼はものすごく暑いが、夜になると気温がぐんと下がる。6月でも夜はかなり冷えるので、厚手の防寒着が必要だった。私は選択の岐路に立たされた。重い思いをするか、寒い思いをするか。

私は寒がりだが、バックパックが重くなるのは嫌だったので、いっそのこと寒いほうを選んだ。宿泊所に到着し、服を取り出して着替えると中身が空になるほど必需品だけを持ち歩いた。それでも重さは10キロ近くになり、肩と背中がとても痛かった。

それだけではない。巡礼を初めて3〜4日たったころ、膝に激しい痛みを感じた。運動とは無縁の生活をしてきたせいで無理がたたったのか、とても歩けそうになかった。だが巡礼路には宿泊所が点在するのみで、しばらく町らしい町がないこともあるので、足が痛いからといって歩かないわけにはいかない。下手をすれば、路上で夜を迎える可能性もあった。足を引きずるようにしてなんとか歩いた。

そのとき、救世主が現れた。フランスのバイヨンヌからサン・ジャン・ピエ・ド・ポーに向かう列車で出会ったカナダ人の看護師に再会したのだ。彼女は4度目のサンティアゴ巡礼中で、経歴20年を超えるベテラン看護師だった。話を聞いた彼女は私を薬局に連れていき、薬剤師と言葉を交わすと弾性包帯と薬を買ってくれた。その薬の効果だろうか？　あるいはプラセボ効果だろうか？　それとも私の膝が慣れたのだろうか？　それ以降は膝がよくなり、巡礼を続けることができた。

ところで私は、なぜそんな苦労をしてまでサンティアゴに行ったのだろうか。なんのために、そこに行かなければならなかったのだろう？

サン・ジャン・ピエ・ド・ポーの事務局では、巡礼手帳を作るとき簡単なアンケートに答える。アンケートのなかに、サンティアゴを訪れた理由を尋ねる設問があった。キリスト教徒として宗教的な意味をもって訪れた人、景観の美しい場所に観光に来た人、魂を救済するために来た人……。もう一つ選択肢があったような気がするのだが、よく思い出せない。私は観光目的ではなかったし、信仰心の深いキリスト教徒でもなかったので、最も近いと感じた三つ目に印をつけた。

でも、相変わらず、自分がなぜそこにいるのかわからなかった。それなのに朝早く出発し、かんかん照りの太陽のもとを歩きつづけた。

1カ月以上歩きつづける巡礼は、一方で考える時間だった。昔の哲学者たちが、なぜあれほど散歩を楽しんだのかがわかったような気がした。人は考えることを精神活動と見なし、机の前で行うものだと決めつけるが、考えるとは全身で行うものだ。両足が全身を支え、背中や肩が荷物を支え、頭がさまざまな考えを巡らせる。厳密に言えば、考えるのは私ではない。私の頭はただ、あらゆる考えが巡らされる舞台の役割をしていた。

初めはAという考えが思い浮かぶ。少ししてから別の考えが思い浮かぶ。「AじゃなくてBだよ！」これで終わりではない。「違うよ、Cだよ」「いや、Dだって！」「よく考えてみたら、Aじゃない？」。両足が歩みを進めるあいだ、私の頭のなかでは考えによる熱演が繰り広げられていた。

ただ速度が落ちるだけ

そんなある日のこと。巡礼を始めてから25日が経とうというときだった。自動車が吐き出す煙や埃を浴びながら、大きな都市に面した道をくたくたになって歩いていると、突如頭のなかがぱあっと明るくなった。私がなぜそこを訪れたか、答えが降りてきたのである。

私は年を取ることに負けたくなかったのだ。40歳を過ぎて、老いをしみじみ実感するようになった。キャリアのピークを迎えたのではないかと思うと、怖くてたまらず不安だった。それまでずっと仕事以外には目もくれず生きてきたのに、その仕事に歓迎されていないような気がしたら抵抗するほかない。だから、私はひたすら道を探し求め、サンティアゴに向かったのだ。

巡礼者は年配の人が多かった。パリから歩いてきたおばあさんや、スコットランドから来たおじいさん、スイスの家の玄関を開けて歩きはじめたら、ここに来ていたとジョークを言う人もいた。

彼らも私と同じ心情だったのだろう。年を取って仕事を辞めたものの、自分の心はまだ死んでいないことを確認しようとしていたのではないか。私の背丈はあろうかという大きなバックパックを背負い、まっすぐ歩く彼らを見ていると、言葉にできない感情がこみ上げてきた。年を取ったからといって何かができなくなるわけじゃない、その代わり速度が落ちるだけ……。私はその道で、貴重な気づきを得た。

一歩一歩サンティアゴに向かうあいだ、それまで過ごした時間を振り返り、何がいまの自分をつくりあげたのかに気づいた。がんばりを認められ、プロフェッショナルとしての立場を確固たるものにするまで、女性差別を乗り越え40歳で役員になるまで、たくさんの人の助けがあったことに思い至ったのだ。

もちろん私自身、休むことなく必死に、誠実に働いた。クリスマスイブを会社で過ごしたこともあったし、明け方まで仕事をした日は数えきれない。でも、私がくたびれて倒れそうになったとき、ふらついたとき、スランプに陥って辞めようとしたとき、私の手を摑んでくれた先輩や同僚、背中を押してくれた後輩がいた。私一人の成果ではなかった。すると次のような思いが押し寄せた。

「戻らなきゃ！　休職を終えたら会社に戻って、これまでもらったものを会社に、後輩に返そう！　辞めるなら、それからでも遅くない」

すでに述べたように、私は休職を終えたら辞表を書いて辞めるつもりだった。でもその瞬間、「休職を終えてすぐ辞めるには、あまりに多くのものをもらった。いままで会社への不満ばかり口にしていたけど、直そうと努力したことはなかった」と思ったのだ。だからいまからでも努力し、自分に恥じない姿で辞めようと決心した。

「作り手」にとって、センスや才能はすべてではないが、かなり重要な素質だ。しかし、年を取って老いると以前のようにいかなくなる。私がそうだったように、ほとんどの人は年を取れば取るほど世界の変化に疎くなる。そのため、ベテランの広告マンはスマートフォンや通信、化粧品、ゲームのような旬な商品のプロジェクトからは敬遠され、若い人があまりやりたがらない広告を引き受ける場合が多い。

その日の巡礼路で、私は「戻ったら、歯磨き粉の広告だろうと、関節痛の薬の広告だろうとなんでもやろう。要求したり、文句を言ったりせず会社に言われたこと、後輩に頼まれたことをしよう。そうやって原点に戻ってやり直し、義理を果たしたらそのとき辞めよう」と決心した（歯磨き粉の広告や関節痛の薬の広告を貶すつもりは一切ない）。

事実、私はそうした。復職から6年後、すっきりした気持ちで引退した。おそらく、それらの時間がなかったら私の退職はもっと別物になっていただろう。そして気づきを得てからの巡礼路は、ただ胸がいっぱいで嬉しかった。年を取ってから不安を抱え、うろたえていたとき、ついに進むべき道を見つけたのだから。

そんなことを考えながら、36日後ついにサンティアゴに到着し、その日の正午サンティアゴ聖堂でミサを捧げた。巡礼路を歩きながらさんざん泣いたので、一生分の涙を流したと思っていたが、とんでもなかった。私はミサを捧げるあいだずっとすすり泣いていた。とくにミサの冒頭で、神父が「今朝、韓国人の巡礼者がサンティアゴに到着しました」と述べた瞬間、涙があふれた。私をそこに導いたすべての日々を振り返りながら流した涙だった。

もう少し歩こう、もう少し

サンティアゴ西部には、「地の果て」を意味する「フィステーラ」という場所がある。サンティアゴから90キロ西に位置し、大西洋に面した街だ。つまり昔の人びとは、そこが世界の果てだと思ってそのような地名をつけたのだ。サンティアゴからフィステーラまで歩いて行こうと思ったが、足が痛かったのでバスに乗った。

昔から私は、大西洋と北海にロマンがあった。ヨーロッパの歴史書を読むと二つの海に関する話がたくさん出てくるので、それを読みながら想像を巡らせていた。そんな憧れの地に立つことができた。私はホテルを予約して1泊し、夜の海辺に座ってしばらく大西洋を眺めていた。

旅行好きな人なら共感してくれると思うが、旅先で泊まるのと、昼間に観光するのとでは大きな差がある。初めてそう感じたのは、１９９０年にイギリス南部のカンタベリーに行ったときのことだ。

カンタベリーは、ジェフリー・チョーサーの『カンタベリー物語』（岩波書店、１９９５年）の舞台になった場所で、カンタベリー大聖堂が有名だ。ただ聖堂はそれほど大きくなく、ほかにこれといった見所もないため、旅行客の多くは昼間にやってくる。ところが、日没後のカンタベリーは、観光客でごった返していた昼間とはずいぶんようすが違っていた。しかもその日は、二十六夜月が出ていていっそう美しかった。

イタリアのアッシジもそうだった。観光バスを貸し切り、半日ほど滞在してすぐ帰ってしまう人たちとは違い、私はそこに2泊した。聖フランチェスコの都市であるアッシジをあくせくと通り過ぎることはできなかった。案の定、人の少ない夕方から夜にかけてのアッシジは夢のように美しかった。

ふたたび、サンティアゴの話に戻ろう。巡礼者のなかにはフィステーラを終着点にする人も多く、彼らは巡礼を終えるとある儀式を行う。巡礼中に身につけていたものを一つ、火にくべるのだ。いまは火災の恐れがあるため禁止されているそうだが、私のときはまだ行われていた。私はボロボロになったズボンを燃やした。大西洋を一望する岩に腰掛け、これからの日々に平和が訪れるよう祈った。

なぜサンティアゴ巡礼をするのかわからないまま、見えない力に導かれて飛行機に乗った話は先ほどしたとおりだ。最後まで行かなくてもいい、途中でリタイアすればいいと自分を勇気づけた。しかし私は歩ききった。サンティアゴに着いたのだ。

そして大事なことに気づいた。最後まで行き着いて、ようやく見えてくるものがあるのだと。もし私が、あまりのつらさに1週間や20日間で巡礼を諦めていたらどうなっていただろう？　それも良い経験になっただろうが、40歳後半から50歳前半の私を支えてくれた思考の数々には出合えなかっただろうし、いまとは違った人生になっていただろう。

それからは、つらいことがあるたびに頭のなかで「もう少し行ってみよう。もう少しだけ。最後まで行き着いて、ようやく見える貴重なものがある。それらの時間を過ごしたあとの私は、いまよりはるかに成長しているはずだ」と反芻した。

下り坂は誰にでもやってくる

「私は沈む太陽です」２００６年12月、第27回青龍《チョンニョン》映画賞の授賞式で、ある俳優がスピーチでこう述べた。若い俳優が受賞すべき賞を、年老いた自分がもらったことに対する恐縮の意味が込められていた。彼の名はピョン・ヒボン。ポン・ジュノ監督の『グエムル 漢江の怪物』で父親役を熱演し、65歳で最優秀助演男優賞に輝いた。

映画、ドラマ、ミュージカル、音楽。さまざまな分野で毎年多くのアーティストたちが賞を受賞し、その受賞スピーチは多くの人のあいだで話題になる。２０２１年、アカデミー賞助演女優賞を受賞したユン・ヨジョン氏のウィットに富んだコメントは有名だ。俳優であり映画『ミナリ』のプロデューサーでもあったブラッド・ピットに「私たちが撮影しているあいだ、あなたはどこにいたんですか？」と鋭いツッコミを入れ、グレン・クローズを含むほかの候補者たちに「私たちはそれぞれ違う役を演じたのだから、競うことはできない」と述べるなど、印象深いコメントを残した。

人生の後半戦と向き合う方法

十数年たったいまでも、ピョン・ヒボン氏の受賞スピーチをはっきりと覚えているのは、ベテラン俳優の心情が切々と伝わってきたからだ。私はちょうど40歳半ばを過ぎたころで、年を取ることに不安や恐れを感じていた。

サンティアゴ巡礼をしていたとき、私は「本を書こう！」とひらめいた。タイトルも「下り坂」に決めた。そのときはすぐにでも書けそうな気がしていたのに、どういうわけか、いまこうして書いている。ところで、なぜ私が「下り坂」というタイトルを思いついたかというと、それからの時間が下り坂であることを自覚していたからだ。

毎日6～7時間歩きながら、私のいた場所と、それまで歩んできた時間を振り返ってみた。すると、私の感じている不安感が「すでに下り坂に足を踏み入れたのではないか」という焦りから来ていることがわかった。上昇カーブが終わり、廃れてしまうのが怖かったのだ。振り返るとは考えつづけることであり、それまでの考えを打ち消し新しい考えを受け入れる行為であり、新しい考えに対して常に自分をオープンにすることでもあった。

1カ月間、振り返りつづけた結果、私はいよいよ否定できないある考えに至った。下り坂に足を踏み入れたこと、そしてこれからの時間はいままでとはまったく違うことをはっきり自覚したのだ。そう、「自覚」！　挑戦や問題を前にしたとき、解決の第一歩となるのは「自覚」だ。あるいは「受け入れること」とも言えるだろう。

韓国を代表するある俳優Aがいる。彼は若いころから主役を務めてきた。しかし年を重ねるにつれ、次第に主役にキャスティングされなくなった。彼より若くてハンサムな後輩俳優たちが次々とデビューし、主人公の座を摑み取った。Aは苦悩した。

「今後も主役は回ってこないだろう。だから、映画に出るためには脇役や端役も受け入れなきゃならない。どうする？　脇役や端役でも映画に出つづけるか、あるいは主役じゃなければ出演しないか」

Aはどんな選択をしただろうか。のちに彼は「考えれば考えるほど、自分が映画を愛していることがわかった」と述べている。答えははっきりしていた。彼はそれから脇役として多くの映画に出演し、ますます演技の幅を広げた。

誰でも同じような瞬間に出くわす。とくに、人生の前半戦が華やかであった人であればあるほど、望まない変化や挑戦を前にしておじけづく。私がそうだったように、後輩たちも40歳を過ぎると似たような悩みを吐露した。「1歳、また1歳と年を取るたびに不安になります。いままで自分の仕事はきちんとこなしてきたけど、自分は年を取って後輩はどんどん増える一方。この仕事をあとどれくらい続けられるか、ここが終わりなんじゃないか、これからさらにチャンスは巡ってくるのか、不安です」

この不安の根源を掘り下げると、いまの位置から追いやられるんじゃないか、もう主役の栄光を享受できないんじゃないか、あるいは忘れられるんじゃないか、などの理由にたどり着く。私のようにコンテンツをつくるクリエイターや作り手であればあるほど悩みは大きいが、もしあなたがこのような瞬間に出くわしたら、自分に訊いてみてほしい。主役じゃなくてもその仕事がしたいのか？　あるいは主役じゃなければ仕事を手放すのか？

私も自問自答を繰り返し、先ほど言及した俳優Aと同じ結論に至った。そして「これから私のところに入ってくる仕事は、どんなものであろうと快く引き受けよう。私を求める仕事があるかぎり、私が使われる場所があるかぎり、喜んで応じよう」と決心した。

頂上に向かって必死に登った時間

40歳前半までは、よく登山をした。仕事のない週末のたびに山を訪れた。当時は運転免許を取る前だったのでおもに電車やバスを利用したが、ネットがないので地方の交通手段や出発時刻について知る術がなかった。そのため数カ月に一度『観光交通時刻表（시간표）』という本を購入し

ていた。高速バスや特急列車はもちろん、緩行列車や田舎のバスの出発時刻まで詳しく載っている本だった。常に地図帳と一緒にこの本を机の横に置いておいて、旅行に行きたくなるとふらりと出かけた。

ある日は全羅南道の求礼《クレ》に行き、帰りの列車が満席でソウルまで立ち乗りで帰ったこともあった。翌日の明け方、ソウル駅から家に帰ると、シャワーを浴びてすぐ出勤した。それから家で過ごしていた週末、目の前にちらつく慶尚南道《キョンサンナムド》の桜の誘惑に勝てず、そのまま家を出て南海《ナメ》行きのバスに乗ったこともある。咲きこぼれる桜とともに1日を過ごしたまではよかったのだが、統営《トンヨン》の弥勒島《ミロクド》にある公園で日没を見ていて、バスを逃してしまった。

登山を楽しむうち、上り坂より下り坂のほうがよっぽどハードであるという教訓を得た。もし転んだとしても、上り坂では膝を怪我するだけだろうが、下り坂では転がったり足首をくじいたりと大怪我になりかねない。

実際に私も、下り坂の怖さを実感したことがある。旧盆の連休に雪岳山《ソラク》の夜間登山に挑戦することにした私は、光化門《クァンファムン》を夜10時に出発する観光バスに乗り、夜中の2時に五色《オセク》の登山口についてすぐヘッドライトをつけて山を登りはじめた。あたりはまっ暗で、ライトの明かりだけがあちこちで光を放っていた。約4時間歩き、ついに最高峰の大青峰《テチョンボン》に到達！　そこで日の出を見た。天気がよく、真っ赤な朝焼けを見ることができたのだが、山から眺める太陽はマンションから見るそれとはまるっきり違った。一言で表現すれば荘厳だった。

下山するときになって、私は以前からの念願だった恐竜稜線を通るルートを歩こうと考えた。恐竜稜線は内雪岳と外雪岳を分ける雪岳山の中心を走る稜線で、内雪岳の伽倻洞渓谷《カヤドン》と龍牙長城《ヨンアチャンソン》を一目で見下ろせ、外雪岳の千仏洞渓谷《チョンブルドン》から東海までの絶景を一望できる場所だ。見た目がまるで恐竜の背中のように尖っていることから、恐竜稜線とつけられた。

問題は、難易度が高いコースで、大青峰からすぐ雪岳洞に下山するよりも大幅に時間がかかるという点だった。しかし、私は当時29歳。目の前まで来たことでますます思いが強くなっていたので、結局、恐竜稜線を越えることにした。

そのときも気持ちだけが先走って準備らしい準備は何もしていなかったので、途中で食べ物が尽きてしまった。本気で死ぬかと思った。チョコレートバーやビスケットで空腹をなだめながら歩を進めたが、後半は膝ががくがくしてまともに歩けなかった。

結局、ほとんど足を引きずるようにして雪岳洞に着いた。午前2時に開始した登山は夜8時に終わったから、約18時間歩いたことになる。それでもまだ若かったので登山を終えて温泉に浸かったら、翌日には元気に歩き回っていた記憶がある。一方では果敢で、他方ではひどく愚かな時期だった。

私だけじゃない

下り坂の話に戻ろう。すべての山には登りと下りがある。標高1000メートル以上の山の場合、数時間かけて山を登り、かなり疲れた状態で下り坂を迎えることになる。人生にも同じような面があるのではないだろうか。上り坂を登るのは若いときだ。多少つらくても、人生が上向いている感じもするし、やりがいもある。しかしやっとのことで頂上に到達しても、そこに滞在する時間はわずかで、すぐに下り坂が始まる。

7大陸最高峰登頂をはじめ、南極点への到達、北極横断や3度のエベレスト登頂成功などの記録をもつホ・ヨンホ氏も、数々のリスクや苦労を乗り越えてエベレストの頂上に立つが、そこに滞在する時間は10分に満たないほど短かったという。そして下山するときは、登るときよりも多くの危険がつきまとう。人命事故も、登りより下りで発生することが多いという。それを知っていながら彼は、また山岳人たちは、今日も山に挑戦している。

誰も下り坂を避けられないことがわかってからは、心が軽くなった。困難に直面したときに最も大きな慰めになるのは、自分だけじゃないという事実に気づく瞬間ではないだろうか。盛んに活動し、成果を残す時期があれば、別の性質をもつ時間もある。下り坂を避けられないなら、その時間もまたうまく過ごすべきだと考えたのだ。そのうち私の問いは「下り坂をうまく過ごすとはどういうことか」に変わっていき、いつの間にか下り坂を受け入れていた。

自分が納得できる決定を下すのに
必要なものがある。
一人の時間を捻出し
問題に没頭するのだ。
考えては消し、考えては消しながら……。
その果てに自ら納得できる
強固な考えが待っている。

第7章

これからもずっと、いままでと同じように生きていくのか？

CHOICE

選択《チョイス》

自ら納得できる結論に至る

私はおおむね性善説を信じている。とくにある程度の時間が与えられた状態で振り返り、省察するとだいたいのことはポジティブに考えるようになる。私の場合が、まさに代表的な例だ。それまでの自分を振り返ったところ、私を導き、支えてくれたたくさんの人がいたことに気づき、それなら私も自分の助けを必要としている人の役に立とうと決心したからだ。私はそうして1年間の休職後、約6年働いて退職した。

これらはすべてサンティアゴ巡礼の前後に起きたことだから、人々は「サンティアゴ」に注目するが、重要なのはサンティアゴではない。その時期が自分の人生にとって決定的な瞬間であることに気づき、専念したこと、それが核心だ。

「ああ、あのときサインがあったのに……」

世界的な写真作家、アンリ・カルティエ゠ブレッソン。「決定的瞬間」をテーマにしたスタイルで有名で、人生の刹那を捉える彼の作品は、時代を超えて写真芸術の神髄として評価される。彼は生前、次のように述べた。

「私にとって写真とは、デッサンの一つの手段だ。直感によるスケッチのようなものだが、デッサンとは違い、写真は直すことができない。直すには撮り直さなければならない。人生は流れていくものだから、写真を撮る瞬間に消えてしまう。だから、同じ場面を撮ることは不可能だ。人生は一度きりだ。永遠に」

決定的な瞬間は、人生にもある。人生のあらゆる瞬間がたった一度きりではあるが、その前後ではっきりと区別することができるのが決定的な瞬間だ。問題は、その決定的な瞬間にどうやって気づくか、ということ。情報の山のなかからサインを感知するように、流れる人生のなかから、私たちはどうやって決定的な瞬間をキャッチするのだろう?

あなたは体を壊したことがあるだろうか。病院に入院するほどひどく体調を崩し、振り返ってみると「ああ、あのとき体が不調のサインを出してたんだ……。あのとき無理せず立ち止まるべきだったのに……」と後悔したりする。私たちはそれほど日々に忙殺されているのではないだろうか。

あなたは、朝起きたらまず何をするだろうか？　おそらく、腕を伸ばしてスマートフォンを探すだろう。ろくに目も開いてないのに、夜のあいだにメッセージや連絡が来ていないか確認する。それから、ユーチューブやインスタグラムなどのアプリをタップする。

それだけではない。目を覚ますためにシャワーをしているあいだも、意識はもう会社に向かっている。今日は部長に提案書を出さなきゃ、クライアントに調査報告書を送らなきゃ……。頭はすでに忙しなく動いている。

これら一連の過程に「自分」はいない。自分はこの仕事の何が好きで、何が得意なのかという考えが入り込むすきまはない。

いや、あることにはあるかもしれない。仕事がうまくいかなかったり、気分が落ち込んだりすると、会社に向かう車のなかや、一人の時間に考えることもある。でも、それだけだ。常に急いで処理すべき仕事や重要なタスクがあるので、より本質的な悩みは後回しになる。ぶつ切りの短い考えの数々が積みあがるだけ。これは、重要な仕事を処理するのに適切なやり方ではない。

有利か不利かではない、人生の選択

若い人のなかには、先輩がいない、メンターがいないと口にする人がいる。この言葉を耳にするたび、先輩になった者として恥ずかしく、また一方では残念に思う。そんな人は、企業に目を向けてみてはどうだろう？　企業は生存、成長するために戦略を立て、投資をし、道を模索する。私はこれらの姿勢はおおいに参考になると考えている。要は時間、お金、人材の投資だ。

個人として投資するのに適切なものはなんだろうか。そう、時間と努力だ。とくに仕事に関して重要な決断を控えているなら、ひたすら時間と努力を注ぐべきだろう。すきま時間にちびちび悩むのではなく、少なくとも1週間から2週間、１カ月くらいの時間を捻出し、集中して考えてみよう。その事案を最優先にして、考えや悩みに没頭する。一人の時間を確保するのである。

私にとっては、サンティアゴ巡礼がまさにそうだった。36日間歩いて、とうとう８００キロの巡礼を終えたのだが、そのあいだずっと一人だった。生まれて初めて、あれほど長い時間を一人で過ごしながら、当時の私にとっていちばん重要だった問題について、とことん考え抜いた。そして自分のなかに、ある種の渇望と恐れがあることに気づき、心が指し示すままに前進し、すっきりした気持ちで悔いのない6年間を過ごすことができたのだ。

あの経験を通して、私は重要なことを学んだ。少なくとも人生の半ばくらいまで生きたのなら、そこからの決定は有利か不利かではなく、自分が納得できる決定をすべきだと。

40歳とは、大学卒業や就職を経て、十数年たった年齢だ。それまでずっと、きれいに整備された競技場のトラックを走っていたのに、突如として道がぼやけたような気分になる。思春期のときに経験する肉体的、精神的な変化に引けを取らない変化だ。体は言うことを聞かないし、老いへの不安や恐怖にさいなまれて、こんな疑問が頭に浮かぶ。「いつまで、いまみたいに生きていけるだろう?」。あるいは「いつまで、いまみたいに生きていくんだろう?」と。

もちろん、仕事は重要な要素だから、有利か不利かどうかを基準に選択することもあるだろう。しかし私たちは、すでに短くない時間をそうやって生きてきたのではないだろうか。これからは自分のなかから湧き上がる問いに耳を傾け、道を追い求めるべきではないだろうか。そうすれば今後、悔いのない人生を歩んでいけるかもしれない。

とはいえ私も、お金や機会などのさまざまな要素を計算する。少しでも有利なほうを見きわめ、決断を下す。でも幸いなことに、決定的な瞬間だけは自分の心の声に従ってきた。そうしてよかったと、いまも心から思っている。

有利か不利かどうかにかかわらず、自分の納得できる決定を下すのに必要なものがある。それは時間、とくに一人の時間だ。一人の時間を捻出し、問題に集中しなければならない。考えては消し、また考えては消し……。その先に待っている強固な考えを支えにし、その後の人生を歩んでいくのだ。

もちろん、だからといってつらいことがなくなるわけではない。海があるかぎり波は起こるように、私たちが生きていくかぎり困難は避けられない。しかし、長い時間をかけて到達した考え、つまり利益にかかわらず自分にとって本当に必要だと確信できる考えがあるなら、困難に直面したとしてもどっしりと構えていられるだろう。

結婚している人はとくに、一人の時間が不足している。だからこそ提案したい。今年の夏休みは一人でどこかへ出かけてみよう。夫婦で、一人の時間をプレゼントし合うのだ。私たち現代人に本当に足りないのは、ひょっとするとお金よりも時間ではないだろうか。その貴重な時間をプレゼントするのである。

詩人で哲学者のハリール・ジブラーンもこう述べている。「風通しのよい寺院の柱のように、距離を置いて相手を愛せ」と。愛する人に時間を与えよう。配偶者に、そして自分自身に。そうすれば人生の重要な岐路に立つたびに、賢明な判断を下せるはずだ。

特別なやり方で問題にアプローチする

最近、講演をするたびに具体的な方法論を求める人が多いと感じる。彼らはすぐさま使えるアクションプランを欲しがる。それを知っていながら、私はそういう話ができない。私のやり方ではないからだ。

大事なのは、問題を見つめる「視線」だと思う。具体的な方法論は、自分で自分に合う方法を見つけるのだ！　40歳以降は有利か不利かではなく、自ら納得できる結論に至ることが大切で、一人の時間をもとうと伝えたのもそのためである。これでもまだ抽象的だ、具体的な答えが欲しいという人がいるだろうから、一つ例を紹介しよう。

先日、〈チェ・イナ本屋〉で作家のカン・ウォングク氏のトークイベントを開いた。『大統領のライティング（대통령의 글쓰기）』の著者である彼の新刊、『カン・ウォングクの大人らしく話します（강원국의 어른답게 말합니다）』の出版を記念したものだった。

質疑応答の時間、ある参加者が会社でのプレゼンについて質問した。自分はいつも精力的にプレゼンの準備をするのだが、いざ人前に立つと緊張し、体が震えてしまうのが悔しい、どうすれば緊張せずに発表できるかという内容だった。あなたなら、どう答えるだろう？　おそらく、もっと練習する、リハーサルの回数を増やすなどと答えるのではないだろうか。

カン・ウォングク氏のアプローチは違った。彼は次のように述べた。自分も、最初は大勢の前で話すのに不慣れでたくさん緊張したと。理由を考えてみると、聴衆がみな、見知らぬ人であるうえ、自分を見つめる視線が温かくないのが原因だったと。「どれほどの実力か見てやろう」と、試されているかのように感じたという。

そこで彼はある方法を思いついた。講義がはじまる1時間前に会場入りし、講堂の入口に立って入場する聴衆一人ひとりの顔を見て挨拶をする。彼が笑顔で挨拶すると、相手も笑顔で挨拶を返す。すると講義中も聴衆が笑顔で話を聞いてくれ、緊張がほぐれたというのだ。

私はこの話を聞きながら、心のなかで「そうか！」と声を上げた。これこそが洞察力で、根本的な解決策だと感じたのである。私の話も、あなたに異なる視線、意味ある気づきを授けられたら嬉しい。

生き方を変えるためにけじめをつける

40歳半ばの休職とサンティアゴ巡礼は、私の人生をそれより前と後に分ける選択だった。そのころ、深くてさまざまな悩みが積み重なって限界を超え、「2度目の反抗期」を迎えた。いや、中高生のときも反抗期とは無縁だった私にとっては、事実上初めての反抗期だ。

2014年に放映されたドラマ『密会』をご存じだろうか？　20歳も若い弟子との不倫ドラマとして有名だが、じつはドラマの見どころはほかにある。先ほど言及した「2度目の思春期」に関するストーリーだ。

私はこのドラマを少なくとも6回は見た。最初はストーリーを楽しみ、次は登場人物たちの内面や心理に注目し、その次はセリフの一つひとつを味わい、さらに次は演出やカメラワークに注目した。そこまでハマるほど、よくつくられたドラマだった。

ヒロインのオ・ヘウォンは芸術財団で企画室長として働くキャリアウーマンだ。その実態は、財閥たちの尻拭いをする役回りなのだが、彼女は他人に誇れる肩書きを大事にしているので、とくに疑問を感じることもなく仕事をこなす。そんなとき「運命」の相手に出会う。男性主人公のソンジェは、自分に天才的なピアノの才能があるとも知らず、バイク便の仕事をしながらその日暮らしをしている。そしてオ・ヘウォンと出会ったことがきっかけで新しい人生を歩みはじめる。

ソンジェに出会うまでのオ・ヘウォンは、ありとあらゆる汚れ仕事をしてきたが、体裁を気にし、自分を騙して平気なふりをして生きていた。そんなとき20歳も若いソンジェに出会い、恋に落ちたことで真面目に自分の人生を振り返る。そして、「これからどうやって生きていくのか」という問いと対峙することになる。

これは、とてつもなくインパクトのある問いだ。そもそも問いというのは、胸に抱いてからこれだ、という答えが出るまで何度となく反芻される。さらに「これからどうやって生きていくのか」という問いは生涯に通じるものだから、見て見ぬふりをしてきた自分の姿から、それ以上目を背けられなくなる。

結局ヘウォンは、真正面から自分自身と向き合い、過去の自分を振り返る。そして勇気を出し後ろめたい過去と決別する。彼女は自首をし、刑務所に入る。

振り返る時間は、前進する時間

ドラマ『密会』は、オ・ヘウォンという40歳の女性の物語だった。ところで脚本家はなぜ、40歳の女性が新しい人生を見つける物語に20歳若い恋人を登場させたのだろう？

もし、ヒロインの恋人が20歳の青年ではなく年の近い中年男性だったとしよう。最初は彼らの恋も燃えあがるだろうが、現実を自覚してからは悩み、結局は互いにもといた場所に戻るだろう。人は長く生きれば生きるほど、すべてを手放して新たなスタートを切るのが難しいから。だから作家は、20歳も若い青年を恋人にしたのだろう。貧しくて若く、未来が無限に広がる彼の存在は、女性に勇気を与える大きな刺激になる。

いいドラマは、いい本がそうであるように、見ている人に問いを投げかける。ふだんは忙しくて後回しになっていたり、インパクトが大きすぎて避けたりしている問いを投げかけて、視聴者が人生を振り返られるようにするのだ。『密会』にもそれらの問いがあり、それがまさしく「これからもずっと、いままでと同じように生きていくのか」というものだった。

これはとても重要な問いだと思う。とくに40歳を過ぎて、人生の後半戦に足を踏み入れた人ならなおさら考えてみるべきだろう。私は講演でもときどき、『密会』の話をする。

人生に影響を与える重要な問いであればあるほど答えがでるまでに時間がかかる。20年以上がむしゃらに走ってきたなら、そうして40歳半ばを越えたなら、息を整え、振り返りの時間を十分に取るべきだ。「振り返る時間」と書いたが、いま思えば私にとっては前進する時間だった。私はそのような時間を過ごしたすえ、納得できる結論に至り、確信をもってふたたび職場に戻った。

当初予定していた3年が過ぎ、4年、5年とたつと、いよいよ本当に辞めなければという思いが強くなった。40歳半ばで戸惑い、ひとまず辞めて新たな道を模索しようと考えていたときとは異なる理由からだった。復職して3年後、副社長になり国内部門のビジネスを総括するようになると、別の悩みが生まれた。

身を引くべきだと実感する

副社長になり、社長の次に偉くなった。責任重大だった。さらに当時は多くの広告代理店がデジタル化の波を受け、変化を余儀なくされていた。広告ビジネスはテレビや新聞、ラジオ、雑誌など4大マスメディアを中心に収益を上げていたが、新聞や雑誌の広告は格段に減少し、テレビ広告の影響力も以前ほどではなくなった。新たな食いぶちを探す必要があった。

個人的な悩みも尽きなかった。そのときはようやく50歳になったころだったが、「これから人生をどう生きるべきか？」という悩みは、年齢に比例してどんどん存在感を増していった。

トニー・ブレアがイギリスの首相だった2002年、教育部の大臣だったエステル・モリスが自ら大臣職を辞任した。更迭ではなく自発的な辞職だった。「自分は大臣を続ける能力がない」という辞職理由に、多くの人が驚かされた。ブレア首相は彼女に会って辞職を考え直すよう説得したものの彼女の意思は変わらなかった。

当時、新聞記事を読んだ私は記事をスクラップし、机に貼った。そして「これほどまっすぐで、センセーショナルな退任の弁はない。私が会社を辞めるときも、これを理由にしよう」と決心した。実際にそうしたかって？　それから10年後の2012年、私は本当に会社を辞めた。

デジタルトランスフォーメーションは、いまもそうであるように、当時も多くの企業の悩みの種であり課題だった。私のいた会社もデジタル環境に合わせた組織づくりや仕事のやり方、利益モデルの構築に追われていた。アナログ時代の広告業をデジタル時代に合わせて再編することは、新入社員として広告業を始めるのと同じくらいすさまじい変化だった。

日々悩みが深まるなか、私はお得意のやり方、自問自答を使うことにした。「あなたにそれほどのエネルギーがあるの？」「新しい利益モデルを模索し、準備するだけの能力はある？」。そして……「そんなふうに生きたいの？」

答えははっきりしていた。「そうじゃない！」。膨大なエネルギーを注いで新しいものを準備する自信はなかったし、そうしたいとも思わなかった。私は自分の好きな仕事を、自分の得意なやり方でやりながら、自分も成長し、会社にも貢献したかった。だが、その時間は終わりに近づいていた。そのとき10年前にスクラップした記事を思い出した。その役目を全うするには、自分の能力が足りないと言って去っていったイギリスの大臣が……。

私は以前からこう考えていた。企業だろうと国だろうと、組織がトラブルに見舞われる原因の一つは、ポストに要求される能力と、ポストに就いている人の能力が一致しないためだと。能力のない人が重責を担うと、そのツケはそっくりそのまま組織や構成員たちに回ってくる。私はたいして利他的な人間ではないが、自分のせいで他人に迷惑がかかるのをひどく嫌う。組織から受け取るものより、自分の差し出す価値が少しでも大きいほうが気楽だから。

会社の置かれた状況と、人生に対する悩みはおのずと結論につながった。これ以上、会社の役に立てそうにないなら、辞めたほうが双方にとってプラスだろう。私の存在が会社や社員の成長につながったら申し分ないが、いくら考えてももう無理だから、会社を辞めよう。そしてその年の夏、年末まで働いて辞めるという意向を伝えた。

会社を「卒業」し

そのころ新聞には、近いうちサムスングループに女性社長が誕生するだろうという記事がたびたび掲載された。誰がサムスン初の女性社長になるのかを分析する記事もあった。それを見た知人たちは、せっかくだから社長まで務めてはどうかと私をたきつけた。私はなんと答えただろうか？

「社長になりたくても、会社がやらせてくれなければ仕方がない。でももし会社に頼まれたとしても、私は社長にはなりたくない。だから私が社長になる確率は100パーセントない」。私はこう答えた。そして自分の意思を信じ、会社を辞めた。

辞めてからも、友人や後輩たちから「後悔していないのか」と何度も訊かれた。そのたびに私は自問自答し、後悔していないことを再確認した。

50歳を過ぎ、自問自答のすえ、出した結論だった。悔いなく働いたおかげで、一抹の未練もなく会社を卒業した。24歳で入社し、どんな学校より長く通い、学んだ場所。大切な人たちに出会い、成長できた場所に背を向け、私は新たな一歩を踏み出した。

第一企画を卒業した翌日、私はフェイスブックに次のような投稿をした。

昨日、第一企画を卒業しました。
29年かかりました。
これまで自分が成し遂げたことより、得たもののほうが多いことは知っていました。
でも、昨日あらためて、私は後輩たちからの思いや愛情を
言葉にできないほどたくさん受け取っていたことに気づきました。
コンペで勝ったときは嬉しかったし、
コピーをうまく書けていると褒められたときは胸が弾んだけれど
私にとって、昨日はいままでいちばん、幸せで美しい瞬間でした。

自由になるぶん、寂しくなるでしょうし、
後輩たちに申し訳ない気持ちも大きいですが
賢明に年を重ねて
人生の第3幕を生きてみるつもりです。

何でもできる自由

何もしない自由

私が30歳のときに書いたコピーです。
ようやく自由を享受できそうです。
自由、安息、平和を……
ありがとうございました！

私たちはみな唯一無二の存在だ

新入社員とした入った会社で29年働き、２０１２年12月に退職した。退職してからは早起きもせず、気の赴くままやりたいことだけをやろうと思っていた。

ところが、待ってましたとでもいうように、母の具合が悪くなりはじめた。「具合が悪かった」ではなく「具合が悪くなりはじめた」と書いたのは、もともと患っていた病気が一気にはじけて、いくつもの病院を回る必要があったからだ。

約１週間、退職後の自由を享受しただろうか。母を連れて病院に行くのが私の日課になった。午前中に家を出て、複数の検査を受け、結果を待っていると夜になっていることがざらにあった。

そのときは無性に腹が立った。せっかく休んで遊ぼうと思ったのに病院行きだなんて、と。あらためて考えても困った娘だ。

複数の病気が潜んでいた母の体

母の体にあらわれた最初の症状は、重度の骨粗しょう症による背骨の問題だった。骨が弱くなり、まるで卵の殻のような状態だったという。軽くぶつかっただけでも折れてしまうほど重症だった。実際に母が入院し、治療を待っているあいだにも、つまり一日じゅうベッドに横たわっていたにもかかわらず、背骨にヒビが入るほどだった。同じような圧迫骨折を何度も繰り返し、母はそのつど激痛を訴えた。

それからというもの、道ばたで腰がひどく曲がったおばあさんを見かけると心が痛む。あんなに腰が曲がるまでどれほどたくさんの骨が折れたのか、想像がつくからだ。その腰はただ曲がったのではなく、そうなるまでに想像を絶する痛みがあったはず。もし、あなたのお母さんが骨粗しょう症で苦しんでいるならいち早く病院に連れていってほしい。折れた骨をくっつけるのは大変だが、それ以上悪くならないようにする薬や注射があるから。

ところが、骨粗しょう症は始まりにすぎなかった。骨粗しょう症の治療のために入院した病院で、医師はさらに恐ろしいことを言った。パーキンソン病の疑いがあるので、神経科に行くようにと。医師の「疑心」は的中した。紹介された神経科でＭＲＩやいくつかの検査をしたところ、パーキンソン病だと診断された。

幸いだったのは、脳がひどく収縮した状態ではなかったことだ。入院可能な病院で出会ったパーキンソン病の専門医は、母を診察すると言った。「こうすれば大丈夫という、見通しが立ちますね」と。その言葉にどれほど救われたかわからない。

「It never rains but it pours」という英語のことわざがある。不運はいっぺんにやってくるという意味だ。母の病気もそうだった。

母が患っていたのはパーキンソン病だけではなかった。ある日ひどい頭痛を訴え、目の前が見えないと言うではないか。緑内障かもしれないという医師の勧めで眼科の診察を受けると、またしても「疑心」は的中した。母はすぐ緑内障の手術を受けた。あとから聞いたところによると、あと少しでも発見が遅れていたら失明していたという。ほかにも体内に潜んでいたあらゆる病気がすべて飛び出すように、続々と病名がつけられていった。

不幸中の幸いもあった。パーキンソン病は患者によって症状にかなりの差があるため、本人に合う薬を見つけるのが難しいと言われている。しかし母の場合は適切な薬が見つかり、治療がはじまってすぐ症状も好転した。とはいえ、80歳を超える老人だ。長い歳月を歩んできた体にはさまざまな名前の病気がうごめいていた。ひどい痛みに身を悶える日も多かった。

子どもが病気になると、母親ができることなら代わってあげたいと口にするが、私も同じ心情だった。深い皺が刻まれた母の顔が痛みにゆがむのを見る心境は、とても言葉で言い表すことができなかった。

私は私を十分に愛したか

私は花をほとんど買わない。家に花がある日は、誰かから花をプレゼントしてもらった日だ。花が枯れるようすを見ていると胸が苦しくなる。花が寿命を終えると、花びらがしおれて黒い斑点ができ、花瓶からは酸っぱいにおいがしてくる。そのようすが、人が老い、病気になる姿を連想させるのだ。

惨めな姿で散りゆく花を見ながら、「老いは受け入れられる。でも年を取るからって、痛みを感じなきゃならないんだろうか？　痛みを感じず老いることはできないんだろうか？」と考えたこともあった。

そして気づいた。「代わってあげたいというのはあくまで気持ちで、実際に病気になったら、自分の体で受け止めなきゃならない。子ども、妻、夫、両親、死ぬほど愛していた人たちともいつかは離れ離れになる。私たちは死ぬまで、自分自身として生きていく。私たちはみな、唯一無二の存在であり、単独者なんだ」

そこまで思い至ると、また疑問が生まれた。それなら、私は自分自身を十分に愛しただろうか？　やりたいことをしてきただろうか？　思いどおりに生きてきただろうか？　自分のために生きてきただろうか？　そもそも、自分のことをきちんと理解してるだろうか？

ふつうの人より自分と向き合う時間が多かった私でも、これらの問いに胸を張って答えることができなかった。自分をよく理解し、100パーセント思いどおりに生きていく人はいないだろうが、ひょっとすると私も、自分で思っていたよりもぐらつき、利益を追い求めて生きてきたんじゃないかと強く感じたのだ。あなたはどうだろう？

本書はおそらく、私の希望をよそに書店の自己啓発書コーナーに置かれる可能性が高い。自己啓発書は、効き目の早い鎮痛剤のような即効性を期待される。でも私は、そんな読者の期待には応えたくない。それよりも私たちが見つめるべき場所、目線を変えて眺めるべき場所を見なおす機会を示したい。

最後にあらためて記しておこう。私たちは死ぬまで自分自身と生きていく。心から愛した人たちとも、いつかは別れるときが来る。だから、死ぬ瞬間まで一緒にいるのは自分自身だ。その存在について、私たちはどれほど知っているだろうか。どれほど愛しているだろうか。誤解はしないでほしい。常に自分のことだけを考え、自分勝手に生きろという意味ではない。他人の基準や好みに無理に合わせず、自分の意思や欲求を尊重しながら、働き、生きてほしい。私たちはみな

「自分の人生」を生きていて、自己啓発書を読むことも、もっとよく生きようとする気持ちの表れだから。

エピローグ

2016年3月に出版契約をしてから、7年がたった。そのあいだに私は書店を開き、「本屋のマダム」になった。本を書くという考えは頭にあったものの、机の前に座ると、どういうわけか文章にならなかった。私が書く文章になんの意味があるのか、老害みたいじゃないか、私の文章に応じてくれる人がいるのか……。自己検閲が進度を遅らせ、執筆は長いあいだ進まなかった。ちょうど忙しかったという言い訳もあった。

そのうち、ふたたび書きたいという思いが湧き上がり、私を埋め尽くした。時間をかけすぎて出版社や編集者に申し訳ない気持ちも大きかった。春のある日から、キーボードを叩きはじめた。ただ書いて書きまくった。推敲は追ってやればよかった。私のなかから湧き上がる話の数々を、手首が痛くなるくらい書きなぐり、そうして本が完成した。

生きていくことはじつは進路に悩むことに似ている。ときには安定を求め、はっきりした目標を設定するが、月日が流れ、環境が変わると進路についてまた悩むようになる。まるで海があるかぎり、波が打つのと同じとでも言おうか？

私は常日頃から、私たちが他人から享受し、学ぶべきものは、その人のもつ考え方や姿勢だと考えてきた。私が約30年、会社勤めをしながら築いた考え方や姿勢を本書にしたためた。あなたが仕事や進路に悩むたびに、手に取ってもらえたら嬉しい。

長いあいだ待ってくださった責任編集者のイ・ヘジンさん、編集長のパク・シネさんがいなかったら、この本が世に出ることもなかっただろう。心より感謝する。

2023年春　チェ・イナ

参考文献

単行本

강상중, 『고민하는 힘』, 사계절, 2009.

강원국, 『강원국의 어른답게 말합니다』, 웅진지식하우스, 2021.

김난도 외, 『트렌드 코리아 2023』, 미래의 창, 2022.

김민식, 『영어책 한 권 외워봤니？』, 위즈덤하우스, 2017.

김수안, 『레전드는 슬럼프로 만들어진다』, 스리체어스, 2017.

김수현, 『나는 나로 살기로 했다』, 클레이하우스, 2022.（キム・スヒョン『私は私のままで生きることにした』（ワニブックス、2019年）

김영민, 『인생의 허무를 어떻게 할 것인가』, 사회평론아카데미, 2022. 김형석, 『김형석의 인생문답』, 미류책방, 2022.

로버트 루트번스타인, 미셸 루트번스타인, 『생각의 탄생』, 에코의서재, 2007.（ロバート・ルートバーンスタイン、ミシェル・ルートバーンスタイン『天才のひらめき：世界で最も創造的な人びとによる13の思考ツール』（早稲田大学出版部、2018年）

松家仁之『火山のふもとで』（新潮社、2012年）

마쓰이에 마사시, 『여름은 오래 그곳에 남아』, 비채, 2016.

박선미, 오카무라 마사코, 『커리어 대작전』, 북스톤, 2020.

베르나르 올리비에, 『나는 걷는다』, 효형출판, 2022.（ベルナール・オリヴィエ『ロング・マルシュ　長く歩く』（藤原書店、2013年）

빅터 프랭클, 『죽음의 수용소에서』, 청아출판사, 2020.（ヴィクトール・E・フランクル『夜と霧』（みすず書房、2002年）

서은국, 『행복의 기원』, 21세기북스, 2021. 손웅정, 『모든 것은 기본에서 시작한다』, 수오서재, 2021. 신지영, 『언어의 높이뛰기』, 인플루엔셜, 2021. 알랭 드 보통, 『낭만적 연애와 그 후의 일상』, 은행나무, 2016.

앙투안 드 생텍쥐페리, 『어린 왕자』, 문학동네, 2007.（アントワーヌ・ド サン＝テグジュペリ『星の王子さま』（集英社文庫、2005年）

앤절라 더크워스, 『그릿』, 비즈니스북스, 2022.（アンジェラ・ダックワース『やり抜く力 GRIT（グリット）――人生のあらゆる成功を決める「究極の能力」を身につける』（ダイヤモンド社、2016年）

山口 周、楠木 建『「仕事ができる」とはどういうことか？』（宝島社、2019年）

유현준, 『공간이 만든 공간』, 을유문화사, 2020. 윤대현, 장은지, 『리더를 위한 멘탈수업』, 인플루엔셜, 2021.

윤홍균, 『자존감 수업』, 심플라이프, 2016.（ユン・ホンギュン『どうかご自愛ください 精神科医が教える「自尊感情」回復レッスン』（ダイヤモンド社、2021年）

이정동, 『축적의 시간』, 지식노마드, 2015. 장석주, 『저게 저절로 붉어질 리는 없다』, 난다, 2021.

전우성, 『그래서 브랜딩이 필요합니다』, 책읽는수요일, 2021. 정민, 『미쳐야 미친다』, 푸른역사, 2004. 정유정, 『완전한 행복』, 은행나무, 2021. 정지우, 『우리는 글쓰기를 너무 심각하게 생각하지』, 문예출판사, 2021.

제프리 초서, 『캔터베리 이야기』, 을유문화사, 2022.（ジェフリー・チョーサー『カンタベリー物語』（岩波書店、1995年）

記事

《연합인포맥스》, <조용한 퇴직>, 2022.10.4.

《중앙일보》, <'이승엽 좀 빼라' … 아직도 잊지 못하는 한마디>, 2017.8.23.

《폴인》, <'거시경제 1타 강사' 오건영이 말하는 루틴의 힘>, 2023.2.4.

チェ・イナ

최인아

チェ・イナ本屋代表、韓国の大手広告代理店・第一《チェイル》企画の元副社長。コピーライターとクリエイティブディレクターとして働き、「彼女はプロだ。プロは美しい」「あなたの能力を見せてください」「何でもできる自由、何もしない自由」などのコピーで知られている。1998年にはカンヌ国際広告祭の審査員を務め、2012年に自ら29年間の広告人のキャリアを終えた。退社後に学生に戻って西洋史を勉強していたところ、ふとしたきっかけで世の中の役に立ちたいという自分の想いに気づき、2016年、江南《カンナム》のビルの森の中にチェ・イナ本屋をオープン。ブックトーク、講演、クラシック公演、心の相談など多彩なプログラムを行い、人々の悩みや解決策を共に分かち合う「思考の森」を作っている。「あなたにとって仕事は何ですか」というアンケートに「好きなこと」と書いたほど仕事が好きで、人生で重要なことだと考えている。著書に『プロの男女は差別されない』がある。

翻訳者

中川里沙

なかがわ・りさ

韓国語翻訳者。ウェブ漫画の翻訳や書籍翻訳に携わる。訳書に『吾輩こそ猫である』(実業之日本社)、『1日1フレーズでぐんぐん伸びる! 子ども英語366』(共訳、KADOKAWA)がある。

会社のためではなく、自分のために働く、ということ

2024年9月30日　第1版第1刷発行

著者　チェ・イナ
翻訳者　中川里沙
翻訳協力　株式会社リベル
発行者　中川ヒロミ
発行　株式会社日経BP
発売　株式会社日経BPマーケティング
〒105-8308　東京都港区虎ノ門4-3-12
https://bookplus.nikkei.com/

ブックデザイン　小口翔平＋畑中茜(tobufune)
DTP　有限会社マーリンクレイン
校正　株式会社ヴェリタ
印刷・製本　シナノ印刷株式会社

本書籍に関するお問い合わせ、ご連絡は下記にて承ります。
https://nkbp.jp/booksQA

ISBN 978-4-296-00194-1 Printed in Japan